和你一起慢慢变好

卡玛◎著

金城出版社
GOLD WALL PRESS

图书在版编目（CIP）数据

和你一起慢慢变好 / 卡玛著. —北京：金城出版社，2018. 1
ISBN 978-7-5155-1643-1

Ⅰ. ①和… Ⅱ. ①卡… Ⅲ. ①婚姻 – 通俗读物
Ⅳ. ①C913. 13 – 49

中国版本图书馆 CIP 数据核字（2018）第 008132 号

和你一起慢慢变好

作　　者	卡　玛
责任编辑	李　健　张礼文
开　　本	880 毫米 × 1230 毫米　1/32
印　　张	7. 25
字　　数	130 千字
版　　次	2018 年 5 月第 1 版
印　　次	2018 年 5 月第 1 次印刷
印　　刷	三河市百盛印装有限公司
书　　号	ISBN 978-7-5155-1643-1
定　　价	34. 80 元

出版发行	**金城出版社** 北京市朝阳区利泽东二路 3 号　邮编：100102
发 行 部	（010）84254364
编 辑 部	（010）64210080
总 编 室	（010）64228516
网　　址	http：//www. jccb. com. cn
电子邮箱	jinchengchuban@ 163. com
法律顾问	北京市安理律师事务所　18911105819

代　序

让卡玛陪你走过生命的千山万水

沈　睿[1]

卡玛要我给她的新书写序，我立刻答应了，因为我是真心地喜欢她，百分之百地喜欢她写的和说的一切。我非常愿意把她的文字和思想传播开来，让每个人都听到看到。

卡玛的职业是婚姻和家庭咨询，她的咨询风格和她本人一样，通透、悲悯、务实。很多人在她的帮助下，活得更美好，过得更明白，懂了自己，也懂了他人。

我成为卡玛的读者，大概从五六年前就开始了。这五六年中，卡玛的文字成为我阅读的一部分，以至形成了习惯。当有人问我关于感情的问题，我首先做的事就是推荐他们去看卡玛的文章。有时候，为了回答某个人的问题，我就在卡玛的微信

---

〔1〕 沈睿，俄乐岗大学比较文学博士。现任美国莫尔豪斯学院教授、中国研究项目主任。

公众号里找那些我已经阅读过的文章，从中再次汲取智慧，以此回答。

卡玛的文章很好看。好看，是因为她的文字清新、清脆、干净，看着是一种享受、一种真正的快乐，因为智慧点亮了那些文字，看得你不停地点头，犹如听一个知心朋友说话，句句说到你的心里。

卡玛是作家，是好作家。好作家的特质之一就是文字好看。她的文字不造作，不装文雅，不故弄玄虚，并且生动，活灵灵的，又很幽默。

卡玛的声音也很好听。好听，是因为卡玛有外行人看不懂、内行人感到独特的视角。现在中国婚姻家庭咨询专家也有很多了，如卡玛这样有智慧、有爱心、有独特的立场和敏锐洞察力的还是不多。卡玛的声音代表的是一种深切关怀并理解他人处境的睿智，是真、善、美的声音。

作为婚姻家庭咨询师，卡玛是一位出色的两性关系方面专家。她从不宣传，但是咨询量饱和，基本都是咨询者口口相传，包括像我这样有丰富生活经历的中年女性。卡玛的很多建议让我出乎意料，耳目一新，获益匪浅。我曾经问卡玛："你这么年轻，是怎么学习处理感情问题的?"卡玛答："我喜欢观察人，我对人性感兴趣。"

生活中谁没有感情的困惑？阅读卡玛的文字，你会感到那些情感困惑被解析得清清楚楚，让人有茅塞顿开之感，从而你开始认识自己、懂得你身边的人。卡玛的独到之处在于她对人性有深刻的洞察，往往一针见血、直击真相。即使你不认识她，你阅读她的文章，也会觉得她早就知道你的处境，并给你一个不同凡响的回答。

如果你不了解自己到底要什么——很多给卡玛写信的人都不知道自己想要什么。卡玛帮他们分析他们想要什么；如果你在一种关系里软弱而无所适从——很多人感到没有足够的勇气挣脱层层羁绊，卡玛会给你出主意，教你怎样获得勇气，走进新天地；如果你早有打算却仍在犹豫——很多人渴望从卡玛那里得到信心，她一定是能给予你信心的人。卡玛从不贩卖“鸡汤”，她只谈实用的方式和方法，帮助你懂得自己的权利，帮助你维护自己的利益。

我曾经把卡玛比作美国著名的情感咨询专家“亲爱的艾比”（Dear Abby）。艾比创办了美国家喻户晓的情感与生活方式咨询专栏，全美四百多家报纸每天同时刊登。她通过这个专栏给读者解答感情困惑。美国人差不多都是读着这个专栏长大的，进而理解、接受和解决了生活中的烦恼、创伤和苦痛。时下的美国，“亲爱的艾比”专栏仍在继续，写作者是艾比的女儿。美国的新一代人仍然都给艾比写信，寻找帮助。

如“亲爱的艾比”一样，卡玛是中国这个时代需求的产物。时代需求造就了卡玛这样专门研究婚姻以及亲密关系的专家。时代的阵痛让很多人茫然无措，卡玛成为他们人生前行的导师，帮助他们在感情上做出正确选择，帮助他们成长为更自觉、更有自我意识的人。事实上，卡玛的文章比“亲爱的艾比”栏目上的文章更好看、更深入、更具有深度。卡玛的人道主义立场、女性主义出发点、发自内心的善意与娓娓道来的引导，帮助人们看清婚姻或亲密关系中的矛盾与困惑，理清自己的思绪，理解自己的需求，获得力量，调整关系，过上更好更美的生活。

让卡玛陪你走过生命中的千山万水，你的生命会焕发出意想不到的光芒。这光芒会照亮你，也会照亮你身边的人！

沈睿
2017 年 11 月 26 日

目　录

第一章

新婚时就应该知道的事

爱情是一种平等的关系，它的核心在于“相互”。相互的爱与付出，相互的欣赏与接纳。如果仅仅是一方给予和包容，另一方接受和任性，那么这种关系迟早会出问题。或者说，已经有问题在酝酿，只是你自己没有察觉而已。

1. 让他（她）了解你的经历

雨田是那样的女人——看起来温温柔柔、和和气气，谁见了都说她脾气好，只有皓轩有苦难言。雨田是不爱发脾气，但她一不高兴就爱挂脸子，关键是你还不知道她为啥不高兴了，问她，她永远是一句“没事儿”。什么叫没事儿？看脸色明明就是有事儿。所以皓轩在家里总得处处留意雨田的脸色，她一挂脸子他就得琢磨，怎么又不高兴了？时间久了，他觉得在家里压抑、沉重，有点受不了。

其实雨田最介意的是皓轩的小气。皓轩不但对别人小气，对自己也很小气。比如早上雨田上厕所，刚要冲马桶的时候，皓轩急匆匆地赶过来：“别冲别冲，我还要用呢！”雨田都愣住了，心想：“就为了省这么一点水，你也不嫌恶心！”一个大男人这么小气，让雨田很是看不上。看不上她也不说出来，她总担心会惹别人不高兴，只能自己郁闷，而她的郁闷在皓轩看来就是莫名其妙。

最近小夫妻之间的矛盾有恶化的趋势，起因是雨田的奶奶因为气喘住进了医院。雨田听说冬虫夏草对奶奶的病有奇效，就让皓轩去药店买些回来，结果皓轩一打听，冬虫夏草一斤得几千块钱，心说："这是吃药呢还是吃金子呢？"又听专家说，"冬虫夏草属于保健品范畴，平时可以用来泡水喝，真的病了，虚不受补，还得吃药"。皓轩将听到的"理论"给雨田复述了一番。雨田心想："什么虚不受补，你不就是心疼钱嘛！"但她也没说什么。

雨田和奶奶感情最深，这次奶奶住院皓轩的表现让她很心寒，联想到他对自己——结婚一年多以来，皓轩在她身上花的钱不超过三千块，觉得他太靠不住了。奶奶出院没多久，雨田就对皓轩提出了离婚。皓轩彻底懵了，问雨田："你得给我一个理由，咱死也得死个明白呀。"雨田横竖就是一句"咱俩不合适"。这叫什么理由？皓轩心想："谈了那么长时间的恋爱，你也没说不合适，结婚才一年多你就觉得不合适了？"事情到了这份儿上，皓轩只得把丈母娘请过来。

皓轩对丈母娘说："我现在不知道雨田心里是怎么想的，我是有好多缺点，但你得和我说呀，我才能去改呀。可是她什么都不说，动不动就不高兴，不高兴就挂脸子。和她过日子就是猜谜，猜不对她就好几天不理你。这一次，她竟然提出离婚了，离婚是这么容易的事儿吗？这日子过得真累啊……"皓轩抱住脑袋懊恼地说不下去了。

看着皓轩懊恼的样子，雨田母亲沉吟了好一会儿，才说起雨田小时候的事情："说起来是我对不住这孩子。那时候我得了产后抑郁症，雨田刚满月就被爷爷奶奶接走，直到读高中才回到我们身边。你可以想象，老人教育孩子的方法，就是希望孩子乖啊听话啊别惹事啊，所以雨田从小就胆小内向，加上父母不在身边，她没有安全感……"

皓轩放下抱住脑袋的手，专心听雨田母亲讲述。

“雨田读大学的时候，有一个暑假，我们一起吃早点时，她才说起读小学的时候，有高年级的孩子向她要钱，她不敢告诉老师，也不敢告诉爷爷奶奶，只能把奶奶给她买早点的钱给了那些大孩子，结果小学那几年，她几乎就没吃过早饭。她和我说起这些还乐呢，还说怪不得自己现在再怎么吃还是瘦，因为小时候的底子没打好。我听了心里真难过……”

皓轩听罢又难过又心疼，这些经历雨田从来没对他讲过。如果雨田对他讲过，他应该就能理解雨田为什么心里不高兴却怯于对别人说。

雨田的母亲在雨田家住了一个星期，她对皓轩说：“雨田对你没啥大意见，就是嫌你太小气了。她是没有安全感的人，觉得你这么小气，她以后有个三长两短你根本靠不住。你跟她好好解释一下。这次妈给你们之间做一个桥梁，以后要靠你们自己沟通了，有什么问题好好沟通，别动不动就离婚！”

皓轩想到自己从读书到参加工作，从恋爱到结婚，一直被人认为“小气”“抠门儿”，其实他知道原因，不就是自己小时候家贫的缘故嘛。父亲身体不好，靠母亲在宾馆当服务员的微薄工资养活他和姐姐。他现在还记得初中住校时，他为了省车费，三个月才回一趟家。母亲把三个月的生活费150块钱递到他手里时，总要叮嘱：“儿子，妈妈只有这点儿能力，你要省着花。咱们不和人家比吃比穿，咱们比学习，以后想过好日子自己挣！”时隔多年，母亲当时充满无奈、内疚和期待的目光，还深深印在他的脑海里。什么时候想起，他内心都是一阵酸楚。

皓轩从未对任何人说过这段经历，更不愿提及，但现在他想把这段经历原原本本地讲给雨田。

他想，以雨田的善解人意，她一定能理解现在已经赚高薪的他，为什么还不由自主地节省。

让他（她）知道你的经历你的过去，这样在你们的婚姻中出现某些矛盾和冲突时，他（她）才能知道你为何如此，你们才会对彼此更为接纳、宽容和接受，也会有勇气面对过去，从而能够更客观、深刻地自我省视，同时你们之间的感情会让你们拥有调整和完善自己的动力——你们童年的创伤会在彼此的关爱里得到疗愈，在婚姻中变成更好的自己。

2. 如果他没这些缺点，也不会落到你手里

今年是欣妍和青夏结婚的第八年，总体来说，欣妍对自己的婚姻是满意的。青夏性情温和、踏实顾家。别的不说，就说这八年，青夏的工资卡都放在欣妍手里，他自己身上一分钱也不留。有时候欣妍问他："男人都有私房钱，你怎么不留？"青夏说："我留钱有什么用？留了也没地儿花去。"欣妍说："和他在一起没别的，就是感到特别安稳妥帖。有些女人，总是担心老公这个那个，我从来没担心过。"

安逸幸福的生活过久了，就容易生出不满。欣妍对青夏，也有不满的地方。青夏不善于表达，不喜欢和外人打交道。说得好听是内向、腼腆；说得不好听，就是捧不上个台盘；说得难听些，就是三拳打不出个闷屁。

有时候看到别人的丈夫和妻子甜言蜜语，欣妍就会黯然感叹："哎哟，我这辈子就没这个福气。"青夏听了也只是在一旁笑了笑。看他这样欣妍更生气了，心想，傻帽儿，就知道笑！这倒也罢了，最让欣妍懊恼的是家里所有需要和外界打交道的事情，都得由她出面，大到买房子被骗打官司，小到家里的停车位总是无故被他人占用。这些事儿，全都指望不上青

夏。如果硬要逼他，他就会来一句“咱家这些事儿不都是一直由你来做的嘛”。

“是的，一直都是由我来做的”，欣妍苦笑。其实，她是多么希望自己也能像别的女人那样，有一个老公在前头冲锋陷阵，她只要跟在他身后做小女人就好了。尤其买房子被骗打官司那一次，其实对方也是一个女的，但人家出事后就躲起来了，一应事情都由老公担着。法庭上，欣妍面对那个男人的强词狡辩，气得浑身冰冷，一个字儿也说不出来。那时候，她强烈感觉到自己作为女人的脆弱无助。可是，她也知道，自己再脆弱再无助也得顶着，因为没有人替她站在那里。

后来官司打赢了，但欣妍却有些伤心，因为这次的经历让她真切地感受到，女人再能干，有些事没男人还真不行。有时候看着青夏，她真有一种又爱又恨的感觉，心想，这个闷葫芦，肚子里都是货，怎么就倒不出来呢？

直到那次，她随青夏回他的老家，见到许多他学生时代的朋友。大家在一起欢聚，自然要说起校园里的种种趣事。大家都拿青夏和其中一位漂亮中年女子起哄：“当年我们都以为你们能成，快说说，当初到底谁甩了谁。”欣妍自然也很好奇，也跟着起哄。漂亮女子哈哈一笑，瞥了青夏一眼，说：“这得问他呀！”

原来，当年青夏读大学时的一位女同学，也就是那位漂亮的中年女子，一直喜欢他，他也喜欢她，但是她母亲却看中了同事的儿子，对她说：“我五十岁生日，正好家里的亲戚都来，把两个男孩子都请到家里吃饭，让大家看看哪个更适合你。”餐桌上，另一个男孩子伶俐讨喜，和众亲戚谈笑甚欢。

青夏只知道闷头吃饭。一顿饭吃下来，几乎所有人的心里天平都偏向了另一个男生。她心里暗暗着急，对青夏说："待会儿吃完饭，你陪大家喝喝茶、聊聊天。"青夏却心生怯意："我一个人也不认识，说什么呀?"结果吃完饭，青夏逃也似的走了。她很失望，认为青夏一走了之，一点都不肯为自己妥协，是不爱、不在乎自己的表现。伤心之余，她提出了分手。于是，青夏的一段初恋就这样落下帷幕。

欣妍听完心想，青夏就是不擅长表达、尤其不擅长在众人面前夸夸其谈的人——要让他在众人面前说话，比让他登天还难。

在笑语喧哗的聚会上，欣妍注视着依然一语不发、埋头吃菜喝酒的青夏，内心柔情澎湃。这个温良、踏实又寡言的男人，八年来一心一意爱着自己和家人，差一点就和自己错过了！她有些庆幸，突然对青夏的缺点没那么反感了，甚至觉得很可爱。

在婚姻生活中，我们总是会对伴侣的缺点耿耿于怀，却不知道，如果他（她）没有这些缺点，他（她）也不会落在你手里。或者说，正是因为这些缺点的存在，影响、左右着他（她）的人生，才使得他（她）穿过千山万水，一路来到你身边。

3. 他（她）的缺点，是你的福音

大年初二，希成家热闹极了。父母和他们一块住，大姑子、小姑子一道来拜年。她们进家门就系上围裙扎进厨房，一通煎煮烹炸。很快，一道道色香味俱佳的菜肴上桌了。希成的媳妇小芙，只有在一旁打下手的份儿。

她们一边忙一边不忘揶揄小芙。姐姐说："啧啧，我们这弟媳妇，生来就是太太命，不像我命苦，回娘家还得做饭。"妹妹说："也不知这辈子有没有尝到我们弟媳妇厨艺的福气。"姐妹俩一唱一和，希成站在一边有点尴尬又有点生气。小芙不以为然，笑呵呵地说："姐姐做菜做得这么好，我再怎么学，估计也赶不上，只配给姐姐当助手。"

小芙大大咧咧，简单开朗，有点孩子气，凡事不爱较真，时不时犯点迷糊，用她的话说就是"做人何必那么累呢"。这么多年，小芙和公婆、大姑子、小姑子相处融洽，虽然这家人个个能干、好强，追求完美，对小芙多多少少有些看不上，话里话外没少挤对，但小芙常常是左耳进右耳出，转身就忘了。有时候婆婆嫌弃她做事不细心，免不了唠叨，她就呵呵一笑，对婆婆做个鬼脸："哎呀，妈，这都是缘分啊，有你这么个细心的婆婆，才有我这么个粗心的儿媳妇。”一句话把婆婆说得没脾气。

小芙不往心里去，但希成无法释然，再怎么说小芙是自己的老婆，谁不希望自己有个能干、省心、让父母满意、让外人羡慕的老婆呢？更何况希成还是要面子的男人。

希成总爱拿小芙和海菱比较。海菱是他的哥们儿再庆的老婆，脑子机灵、为人活络、办事果断，家里家外都是一把好手。比如去年，再庆老家的房子拆迁，海菱单枪匹马去和拆迁办的人谈判，愣是比原定的拆迁款多谈出整整五十万。再庆也为此得意，常在希成面前显摆：“我家的事，从来不用我操心。”

希成心想，别说一半了，要是小芙有海菱三分之一的能力，我就谢天谢地了。

没想到春节过后上班，再庆告诉希成，他准备离婚了。希成大惊，忙问怎么回事儿。

问题就出在那笔拆迁款上。再庆的姐姐认为自己虽然早早出嫁，但老房子的宅基地是父母的，自己也是父母的孩子，怎么说那笔钱自己也得分一杯羹。以再庆的意思，姐姐分一点就分一点吧，但海菱不干。她的意思是，拿了这么一大笔钱，整个家族的人都眼红，就不能开这个口子。这口子开了，七大姑八大姨都得找各种理由来要钱，你给一个，也得给另一个。你给一个十万，就得给另一个十万，否则，你给了钱，不但落不下好，还招人怨恨。

“理是这个理儿，”再庆说，“可她对自家的亲姐姐都这么精明、计较，日后我要是有个大灾小难的，能指望她对我好？说白了，这个女人眼里只有利益，没有感情，和这样的人有什么过头？”

晚饭桌上，希成说起再庆家的事儿，小芙一笑：“这有啥难的，拿了这么多钱，就分点儿给姐姐呗，反正是给自己的姐姐，又没给旁人。”

小芙的话让希成一愣，他没想到在再庆家闹得天翻地覆的事儿，在小芙这里云淡风轻地就解决了。细想一下，其实他家类似的问题也不少，但都是因为小芙大大咧咧、迷迷糊糊的个性，和和气气地就解决了。

比如，希成的外公从台湾回来探亲，带回来两个价值不菲的翡翠手镯。按理说，家里只有希成一个男孩，这手镯怎么着也得有他一个，可姐姐和妹妹知道了，回娘家来，私下里也不知用了什么方法，哄得希成妈很高兴，将两手镯分给姐妹俩一人一个。希成知道了，嘴上不说什么，但心里多少有些不平衡。小芙看得开，安慰希成：“你一个大男人要那东西干啥？我又不喜欢戴首饰。你要回来也是放在家里压箱底儿，还不如给姐姐和妹妹呢。”

比如，有些天希成妈对小芙每个周六都要回娘家有些意见：“你嫁到我家就是我家的人，干吗还总往娘家跑？”希成妈不高兴就挂在脸上，小芙从娘家回来，希成妈就鼻子不是鼻子脸不是脸的，有时候希成都看不下去，可小芙傻呵呵地像没看见似的，照样亲亲热热地叫妈，有时候还顺路带些希成妈爱吃的糖炒栗子。伸手不打笑脸人，渐渐地，希成妈也不好意思摆脸子了。

希成突然明白一件事情。自己总是抱怨小芙不能干、不聪明，可是，要是她真像海菱那样，碰上他们一家强势之人，尤其是那两个姐妹，还不得闹翻天啊？到时候他夹在中间，该帮谁？该有多难受？

希成想，不是一家人不进一家门。只有小芙那种性格，和自家人才是最搭配的呀！直到今天，希成才知道自己娶了小芙这个傻乎乎的老婆，是怎样的一种福气，又该怎样珍惜和感恩。

再说，小芙那是傻吗？那叫大智若愚。

4. 别让旧时创伤阻碍今日幸福

她的婚龄还不到一年，但离婚的念头却时常萦绕脑际了。

外人看来，她没有不幸福的理由。老公聪明能干踏实顾家，也很爱她，可是她常常感觉不到幸福，有时候莫名就有一种想哭的冲动。身边的人说起她，只有一个字——作。

可是内心的不快乐是真实的。她渴望一种高度契合的关系，那种心灵上无限贴近、水乳交融的亲密；她渴望很多很多的爱，用她自己的话说，“也许别人一个玻璃杯的爱就能满足，可是我想要的是整个海洋的爱”。所以她常常有一种干涸、无力、寂寞的感觉。

老公觉得她纯粹是“瞎折腾”，我们这么好的日子，真不知你闹啥!

是的，她也知道，如果是别人，有这样一个老公，估计也应该挺满意的，但是到她这里怎么就不行了呢?

我问起她童年的经历。

她父亲是个老实懦弱的人，大孝子，一直留在老家照顾母亲，所以她和父亲之间一直有隔阂。父亲指望不上，母亲因而非常独立、好强，独自带她在外打工。生活的残酷将母亲打造成女强人，忽略了孩子的情感需要，甚至鄙视、厌烦她身上流露出的软弱、温情的一面。

原因就在这里——父亲是摆设，母亲强势、从未满足她情感的需求，她内心的那个小孩，在爱和安全感方面，其实一直处于嗷嗷待哺的状态，所以，她现在会下意识地在老公身上寻找。老公作为一个普通人、正常人，其实很难理解、满足她对于爱的这种强烈渴求。

听我这么说，她激动地抓住我的手："老师，您真是太理解我了，到现在每天晚上我都要对自己说，'宝宝乖，妈妈在'才能睡着。"

德国心理治疗专家索桃丽说："强烈的负面情绪只有20% ~30%是由现实引发的，70% ~80%来自'旧伤'。"

她的问题就在于，她将自己的渴求投射到老公身上，想当然地认为老公应该知道、理解、满足她的渴求，于是就造成她和老公之间的矛盾，一个痛苦、委屈得随时随地都想流泪，一个丈二和尚摸不着头脑。

有意思的是，对于一部分人来说，一旦找到形成这种状况背后的深层次原因，对自己有一个理性的觉察，这种状况也会随之逐渐缓解。

如果不能，那么就找一个心理咨询师，处理一下自己幼年的创伤，是必要、明智的选择。

5. 婚姻中的“公主病”

他向她提出离婚。

她问他：“为什么？”他只有一句话：“太累了，这个婚姻从未让我感觉到快乐。”

对于这个答案，她完全不能接受：“我在这个婚姻里感觉到的都是幸福和快乐啊！为什么同在一个婚姻中，我们感觉却是如此不一样？”

结婚六年来，她确实都在他的宠爱中度过的。那是什么样的宠爱呢？生活上的照顾自不必说，上下班由他接送；买菜做饭由他承担；她感冒发烧，他端茶递水整夜守护；她夜里失眠，他轻轻拍着她的背，给她唱催眠曲……更别提她的生日，各种节日、纪念日，他从未忘记、疏忽、敷衍过，每次都会费尽心思安排，务必让她有惊喜。可有时候还是不能令她满意：“我早猜到啦，没劲！”

六年来，她已经习惯生活在他的宠爱中，并因为这份宠爱，感觉自己是世界上最幸福的女人。现在他要撤了，要把她扔下不管了。就像一个孩子，一直被捧在掌心里呵护着，现在却要一把摔到地上，她无论如何也接受不了，想都不敢想没有他的那种日子。

这六年来，对于他，却是始终在讨好和迎合一个人，是漫长的忍耐和压抑。他说："有时候她生气，我哄她，'宝贝，别生气了好吗？都是我的错，我该死'，而我的心里却在说，'你生气吧，生气吧，气死算了'。"

他说："我从来没觉得快乐，又不敢和她说。如果我说，她一定会生气的，一定会问，'你为什么不快乐啊？你凭什么不快乐啊？娶到我你还不快乐?!'"

他说："很多时候，我都感觉婚姻是一种煎熬，也不知道自己还能坚持多久，但心里知道，一定会有撑不下去的一天。"

现在，撑不下去的一天终于到了。对于他，是思量、酝酿已久的结果。对于她，却是毫无预兆的晴天霹雳。她哭着责问："既然你现在要离开我，这么多年为什么还要那么宠爱我？否则，我不会这么伤心、这么受不了！"

他无语，也无奈。他也不想走到离婚那一步，只是"太累了，再也提不起那个劲头了"。

当初，她漂亮、聪慧、工作好、家境好，无论从哪方面来看，他们都是不般配的。他追了她整整三年，竭尽宠爱之能事，总算把她追到手。而她，最终愿意下嫁给他，也是因为"他宠我像公主"。

于是，她在这个婚姻里感受到的是无忧无虑自由自在，是"无论我怎么样，他都会包容我、都会爱着我"。他却慢慢感到了累、压抑、内心沉重而郁闷……可怕的是，她对他的感受毫无察觉。也许是他演得太好，也许是她根本就不认为他的感受有多么重要——她是公主，公主的感受才是最重要的。

大概所有女孩子都有一个愿望——希望能遇到一个能宠爱自己一生的男人。而宠爱，是一种多么消耗能量的感情模式啊，也许只有在热恋时可以做到——你的刁蛮你的任性，在对方眼里都是那么可爱。宠爱你，是享受。但想将这种宠爱持续一生，根本就是违背人性的，大概只有血缘才会具备这种不懈的热情，比如父母对子女。婚姻中的男女，如果有一方一直都在享受这种宠爱，并渐渐习以为常、心安理得，那另一方一定存在着某种程度的讨好和迎合、隐忍与压抑。久之，最初的激情会慢慢磨灭、变质，转化成怨恨和负担。一颗心慢慢远离、冷寂，直到有一天，对方突然发觉，还是没有你的生活比较轻松和快乐……

爱是一种平等的关系，它的核心在于“相互”，相互的爱与付出，相互的欣赏与接纳。如果仅仅是一方在给予、在包容，另一方在接受、在任性，那么这种关系迟早会出问题。或者说，已经有问题在酝酿，只是你没有察觉而已。

幻想永远被一个男人宠爱得像公主似的女人们，要警惕婚姻中的“公主病”，真的是会置婚姻于死地的。

6. 遇见你，我认命

张爱玲说："生命是一袭华美的袍，爬满了蚤子。"张大才女的意思是，生命美好，同时也充满了虽不致命但却是如影随形、摆脱不掉的小烦恼。

现在的榛生，每天都在面对这些小烦恼。这些烦恼的来源，就是她的先生思成。

要说思成这个人，大毛病还真没有，对老婆忠诚不贰，对工作认真负责，对朋友诚恳友爱，但是小毛病不少。

最突出的毛病就是老好人，凡事喜欢一团和气，不愿意惹人不高兴，以至于显得很懦弱。比如，思成老家的房子拆迁，无论于情于理拆迁款都有他一份的，可是他的哥哥姐姐却私下瓜分了这笔数额不菲的拆迁款，连招呼都不打。榛生知道这事后心里很不爽，让思成找他哥哥和姐姐理论，可是他说啥也不肯去，逼急了，就一句"我说不出口"。对家人如此倒也罢了，对外人他也是这样。

被人挖到现在这家公司，说好月薪一万，可是到了发薪水的时候，一万却变成了八千。让他去问，他找各种借口搪塞，领导出差了、会计生孩子休假了、在公司这个薪水已经算高的，等等。末了他也没去问领导为啥说话不算话。家里买个空调，使用没多久就发现存在不制冷的问题，按约定是可以无条件退货的，可是商家找各种理由，只同意修不同意退。榛生打电话投诉，商家的售后服务人员上门，还是坚持可以修，但不能退。让人哭笑不得的是思成，竟然在一边帮着商家劝榛生：“修就修吧，修好了一样用！”气得榛生事后大发雷霆：“你究竟站在哪边啊？你一个消费者都这样说了，人家还能给你退吗?!”搞得凡是和他家有接触的人都能看出来，这家男人比较好说话，这家女人很厉害。榛生听了这话更是气不打一处来，埋怨思成：“你一个‘不’字都不说，尽干亏己利人的事儿，这样的人谁不喜欢啊？我也喜欢！”

当然这只是思成最突出的毛病，其他零零碎碎的就更多了。比如他只喜欢吃肉不喜欢吃蔬菜、不爱刷牙、买东西从来不知道讨价还价……

这些毛病，虽然无伤婚姻大局，但具体到一天又一天的日子一件又一件的事情当中，还真是挺让人头疼的。大起大落大是大非，那都是狗血电视剧之中的桥段，现实生活中普通人过的不就是一天又一天的日子、要面对的不就是一件又一件小事吗？可是思成这些毛病，让榛生经常感觉日子过得不顺心不畅快。说他吧，他永远是那一句“这点小事，有什么可计较的，你就不能心胸开阔点儿?”

结婚十多年，榛生一直为思成的这种种小毛病所困扰，从开始苦口婆心地劝说、叮嘱，到后期的争执、冷战，可是收效甚微。最后，榛生也觉得很无奈。江山易改，本性难移。他就是这样一个人！

他就是这样一个人，该怎么办？榛生还真的认真想过这个问题。有时候在气头上，她也想过离婚，可是冷静下来想一想，又觉得思成虽然小毛病很多，但总体来说，瑕不掩瑜，总不至于为了这些“瑕”就扔了一块好玉。想到最后，她只能横下一条心，遇见这个人，我认命！

认命，就意味着接受，同时也意味着要根据思成的特点来找到应对的方法。

是的，他是老好人，不愿意得罪人，那么得罪人的事儿我来吧，要不怎么说是夫妻呢，夫妻不就是互补嘛！他喜欢吃肉不喜欢吃蔬菜，那就动点心思把蔬菜做出荤菜的味道。她用萝卜条做的“小酥肉”、用土豆片做的“熘鱼片”，他不也吃得挺香？他不爱刷牙，那就每天早晨自己刷牙的时候，顺便帮他把牙膏挤好放到他面前，看他刷不刷！他买东西不爱讨价还价，那就每次他买东西时告诉他，这个东西大概的价格，只要不太离谱就行。

榛生发现，当她不再和思成那些“改不了的臭毛病”较劲以后，便觉得那些事其实也没什么了不得，都有解决的办法。实在解决不了的，就由它去，又不是什么原则性的事儿，睁只眼闭只眼就过去了。认命以后，她变得快乐了许多，同样感到快乐的还有思成——以前他在家里待着总得提着一根筋，“不知道自己哪里做错了又惹得她不高兴”“她出门了或者睡觉了我才能感到放松”……同时受益的，是他们的婚姻生活和夫妻感情，两个人都觉得，老夫老妻了，日子过得越来越和谐、越来越舒心。现在彼此看对方，倒觉得比刚结婚时更顺眼了。

第二章

有件小事叫出轨

出轨，不是什么了不得、过不去的大事，只是婚姻当中出现的问题积累到一定程度后的爆发而已。像处理一般问题一样妥善处理它的过程，是你人生中的一次完善和成长，也是对你们婚姻的一次提升和更新。

1. 有件小事叫出轨

这个话题，惊着你了吧？甚至让你反感了吧？

出轨怎么可能是小事呢？这事儿搁在谁身上都是天塌下来的大事儿啊。也正因此，大部分人在自己的婚姻中遭遇对方出轨时，第一反应是抓狂，觉得自己很无辜、很委屈，觉得自己是受害者。有这样的情绪反应，是因为当事人都在向外寻找原因——都是出轨方的错，都是插足者的错！当你将配偶出轨归咎于他人时，你就很容易陷入自怜、委屈、怨恨的情绪之中无法自拔。这种情绪是极具破坏性的，除了让你变得越来越不快乐、越来越招人讨厌之外，别无他用。

事实上，大部分人在婚姻中出轨，都是因为婚姻自身出现了问题。打个比方说，如果在一段婚姻中，女方非常强势，男方一直处于被压抑的状态，时间长了，男方正好有机会接触到一个温柔且善解人意的女人，那么他很自然地就会被这个女人吸引。如果两个人正好有进一步交往的条件，那么很可能就发展出一段婚外情。同样，如果女方一直很依赖、懒散，那么男方在接触到那种独立、干练的女人时，就容易被吸引。你说，这出轨的原因，究竟是男方花心的成分要多一点，还是女方自身的问题多一点？只能说，双方都有责任，各打五十大板。

如果你能够冷静下来，仔细分析婚姻中配偶出轨的原因，并意识到自身的问题时，你的情绪就会发生变化，你会从一个受害者的角色，变成一个审视、反思的角色——这会让你心里好受许多，就不会再将对方出轨当做天塌下来的大事儿，而是当做婚姻中出现的一个问题。既然出现问题，那么找到出现问题的原因，再找到解决问题的方法，不就行了嘛！你会回归理性，掌握主动，内心充满力量。

当然会有人要说："人无完人，我不可能做到面面俱到，难道这就能成为对方出轨的理由吗？"是的，人无完人，婚姻并没有要求你去做一个完人，而是要求你要做一个让你的伴侣感到舒服和满意的人。让自己的伴侣感到舒服和满意的人是什么样子？自己是不是让伴侣感到舒服和满意？这就需要沟通，需要了解对方内心的真实感受。比如时不时问问对方，"亲爱的，这段时间我有什么让你不满意的地方吗？"或者，"亲爱的，最近这些日子和我在一起感觉快乐吗？"然后做出相应的调整。让对方感觉好的保留、发扬，让对方感到不满意的，自省、改进。

婚姻中的双方，如果都能不懈怠，时刻保持着对另一方在婚姻中感受的关注和重视，并根据对方的感受做出相应的调整和改变，彼此都怀着"我要尽我所能，让你在这个婚姻中感觉到快乐和幸福"的想法，那么婚姻中遭遇对方出轨的可能性，会大幅度降低。

我们应该重新理性、客观地面对出轨行为了。出轨，真的不是什么了不得、过不去的大事，它只是婚姻当中出现的问题积累到一定程度的一种结果而已，像处理一般问题一样妥善处理它的过程，是你人生中的一次完善和成长，也是对你们婚姻的一次提升和更新。

2. 他们为何会和初恋爱火重燃

其实开始我并未注意到这一点，但陆陆续续遇到不下十个类似的案例，基本都是两口子本来过得好好的，然后突然有一天，老公去参加同学聚会或者别的聚会，与自己的初恋重逢，一下子爱火重燃、不可收拾，有当天回家就要离婚的，有和初恋不管不顾私奔的，有痛苦纠结要死要活的……最要命的是，这些人并不是没有责任心、风流成性、花心大萝卜那样的人。他们在生活中往往都是踏实、诚恳、内敛的男人，以致出问题之后，让他们的妻子措手不及。

我曾经以为这是巧合，但经常遇到类似的案例，于是我经常和身边的女性朋友开玩笑："如果你老公去见初恋，要小心呀。"也让我开始琢磨，这究竟是为什么。后来我发过一条微博，大概意思是，希望有相同经历的男士和我联系，我很想知道你们内心的真实感受和想法。

真有人和我联系了，给我讲述了他们和初恋之间纠缠几十年斩不断理还乱的情感纠葛。

总结一下，大概有以下几个原因。

1. 当初分开，并不是因为感情出了问题，而是因为外力，比如父母不同意、两地相隔、一些现在想来很可笑的误会等，没有好好说过再见，于是总觉得这份恋情没有结束，总是放不下，然后突然有机会见到了……一切都可想象。

2. 尽管两个人已经有十多年甚至更长时间不通音讯，但再见时，会发现没有丝毫的陌生感，没有理由的信任、亲密、默契、相知，似乎一直有一条河流在两个人之间流淌，从未停息，几乎不需要任何铺垫，“哗”地一下那个火花就冒出来了，瞬间如火如荼。

3. 虽然和妻子之间的生活正常而平静，但心里一直觉得，真正的爱情，只有和初恋那一次。和妻子之间，更多是出于一个丈夫的责任和义务（而不是像和初恋那样，发自内心地去付出，并能从那些付出中收获快乐和幸福），时间长了，日子一天天按部就班地过，感觉麻木无味。而和初恋的重逢，让他感觉所有的那些心动、甜蜜的感受都被激活了，于是不顾一切，“老夫聊发少年狂”……

4. 尤其是发现初恋现在过得很不好，会心疼、歉疚，甚至会想，如果当初她嫁给我，应该不会这样，从而不自觉地产生英雄救美之心。

有意思的是，目前还没有遇到女性有类似的案例。我对此的解读是，女人一旦结婚，尤其有了孩子，注意力和情感大部分会放在孩子和家庭上，变得踏实、务实，从而更加充实。但是很显然，婚姻、家庭、孩子并不能完全满足一个男人，尤其是对精神生活有要求、内心丰富而感性的男人。

值得一提的是，我曾经问过这些男人同样一个问题：“如果她不是你的初恋，你会有这次出轨吗？”大部分人的回答，而且是毫不犹豫地回答，都是“不会”。这也从一个侧面说明，这些男人，大部分都是非常重情、感性，虽然他们对现实的婚姻生活多多少少有些失望，但一直都能在道德层面上很好地自律。和初恋的爱火重燃，可能对于他们来说，本来就是我们相爱在先的，不过是各种阴差阳错，造成我们的分手……所以这样的出轨，让他们不会在道德层面产生强烈的罪恶感。

归根结底，我想说的是，男人在婚后对于感情和精神生活的要求，往往比女性要高，所以无论对于男人还是女人，需要引起重视的一点是，婚姻不仅仅是生儿育女、搭帮过日子，还要时时关照到彼此的内心世界，寻求精神、感情生活的互通和共鸣。

看到这里，肯定有女人叫屈：“我要照顾孩子，要料理家务，要赚钱与男人分担养家重任，我还要照顾他的精神生活和内心世界？凭什么啊？”

这其实是一个本末倒置的问题。

照顾孩子、料理家务都不是“专属于女人”的义务。如果你在婚姻生活中，将一些精力和时间用在精神和情感层面的经营上，你会发现，你的伴侣会非常乐于和你分担那些家庭事务。有时候，男人不愿意帮你分担，不过是他们对于婚姻生活不满意的一种消极无声的抵抗。

另一方面，对于男人来说，即便抛开道德、责任不谈，你也别以为和初恋重续前缘就能成为你平淡生活的救赎，从此你们就能在甜蜜的爱情中携手共度人生。别忘了，你们之间已经隔着十几年或者几十年的时间长河，这段时间足以改变一个人，甚至让一个人面目全非。留在你记忆里的那个人，和你再次遇见的这个人，可能存在天壤之别。再者，即便一切都没有改变，你们还要面临爱情的宿命——以前是距离产生美，因为没有得到，所以在记忆里分外美好。现在吃喝拉撒睡、柴米油盐醋都在一块，爱情还能如最初那样动人和浓烈吗？结局可能会让你失望。

也许，让初恋永远美好、永远鲜活的最好的方法就是，即便重逢，也互道珍重，就此别过，在漫长岁月里，保持守望的距离。

3. 摊牌的时机

每次我写关于婚姻中遭遇伴侣出轨的文章，都会收获一堆“恨铁不成钢”“皇帝不急太监急”的评论。这种人你还要他干吗？让他滚，有多远滚多远！或者，让他净身出户！这年头只要有钱，谁离了谁都能活！

呵呵，站着说话不腰疼，事情不在自己的头上，尽可以说狠话，但真的落在自己的头上，你就会知道啥叫痛苦、啥叫纠结、啥叫欲罢不能生不如死。

遭遇伴侣出轨的人，经历最初的愤怒、无措之后，大部分都会选择妥协，即：你选吧，如果你选择小三，我二话不说，咱们好聚好散；如果你选择这个家，那就赶紧回来好好过日子，我既往不咎。

是的，对于受伤者来说，这样的摊牌已经是妥协让步宽宏大量了，但他们通常都会失望。那个出轨者，要不反反复复犹犹豫豫不能痛快选择，要不就是嘴上说选择家庭，行动上完全不是那么回事儿。

这才是真正让受伤者伤心和痛恨的。你究竟想怎么样？于是哭、闹、催、逼，软硬兼施，恨不得能抓着他（她）24 小时和他（她）谈这件事，不谈出个结果来不罢休……折腾一通，但收效甚微。

这里面最大的问题是，受伤者选择的摊牌时机不对。

你要知道，除了那些四处留情风流成性的花花公子，大部分人的出轨，都是动了真情的。任何感情都有周期，婚外情也不例外。在他们还处于热烈、迷恋期的时候，你和他（她）摊牌，要求他（她）作出选择，你想听到的不过就是一句“老婆（老公），我错了，我会回到你的身边，以后我们好好过日子吧”。

可是，此时的他（她），如果不想说谎，是说不出这样的话的。因为他（她）自己也在犹豫，一边是问题累积的婚姻，一边是热烈甜美的爱情；一边是爱情已转化为亲情的伴侣，一边是相爱相知相契的情人；一边是五味杂陈的酸辣汤，一边是诱人的糖果……他（她）怎么选择？此时他（她）作不出选择，可是你一定要逼他（她）作出一个选择，这对他（她）而言压力巨大。为了逃避压力，他（她）会不愿意回家，害怕面对你。他（她）自然就会想，既然你这样逼我，我也感觉这样拖下去对你很不公平，那好吧，离吧。

那好吧，离吧。你想要的并不是这个答案。他（她）其实也没有想好……可是，因为你的催逼，因为你选择的这个摊牌的时机，双方都作出了并不是发自内心的选择。

世界上最令人遗憾的事情是什么？就是一对夫妻，其实心里对彼此还存在爱恋与不舍，但因为赌气、较劲、逞强、冲动，就那样轻易地松开了彼此的手。

看到这里你一定要问，那怎么办啊？只能纵容、默许他（她）出轨吗？只能接受婚姻中“三人行”状态吗？

当然不是。

正如我说，任何感情都有周期，婚外情也不例外。最初的迷恋慢慢淡去、狂热渐趋平静之后，此时他（她）才重新具备了理性、冷静地审视你们婚姻和这段婚外情的能力，客观地看待你和情人。他（她）会慢慢发现，其实那段问题迭出的婚姻，自己也有很大的责任；伴侣身上，其实也有许多一直被自己忽略的闪光点。他（她）也会发现，新的感情一样充满问题和矛盾，那个曾经在自己眼里哪里都好的情人，也同样存在缺点。

这时候，他（她）才能听得进去别的声音，才会想到家庭、责任、孩子、共度的时光、牵手的亲情以及诸多现实的问题。这时候，你去和他（她）摊牌，才可能得到你想要的答案。

所以，在婚姻中遭遇伴侣出轨时，你首先要做的，不是找出轨方摊牌，逼着他（她）痛快作出选择，而是告诉他（她），婚姻大事，尤其中间还牵扯到孩子，我不想轻率地作出任何决定，我也不希望你这样，所以，让我们彼此都冷静一下吧。

这段冷静期，难免痛苦，也许每一分每一秒都是煎熬。但请你学会管理好自己的情绪，做好自己的事情，过好自己的日子，静待适合摊牌的时机，打一场漂亮的婚姻保卫战。

你经历的所有痛苦，其实都在教你获得自省的能力、感受他人的能力、管理情绪的能力、处理问题的能力。这场痛苦之后，你会提升，也将重生。

你们的婚姻，在经历这场波折之后会更牢固；你们之间的感情，经历过痛苦的洗礼，会更加紧密与深刻。

4. 挽留，不等于乞求

她的老公出轨，向她提出离婚。

她爱他，不愿意失去他，于是她委曲求全忍辱负重，竭尽讨好、顺从之能事。可是，老公却越来越厌恶她，越来越不尊重她，最后竟然发展到当着外人的面羞辱她。

她对我哭诉："卡玛，你说过，老公出轨之后要自省，看看自己有没有问题。如果有，要去调整、修正自己。我这已经不是调整、修正自己了，而是对他百依百顺，为什么还是挽回不了他的心？"

没错，我确实说过那样的话，可是，我没有让你对他百依百顺啊。

她的问题就出在百依百顺上面吧。你没有尊严、没有底线、没有原则地去讨好、顺从一个人，造成的结果必然是这个人对你轻视、反感和厌恶。在这种情形之下，是绝无可能对你重新产生爱意的。原因很简单，爱情只可能产生于两个平等的个体之间，谁也不会去爱一个连自己都不爱的人。

遭遇老公出轨但又不想放弃婚姻的女人，一定要明白，挽留不等于乞求，温柔不等于软弱，修正自己不等于对自我的全盘否定。不想放弃婚姻，不等于抱住一个婚姻的空壳自欺欺人……

婚姻出问题，双方一定都有责任。老公出轨了，老公有责任，没有出轨的你也有责任。你要勇敢面对、承担起自己应该承担的责任，不自怜不逃避不扮无辜。但你有责任，不代表你从此就低他一等，不代表你就有求于他。你们依然、永远是平等的。

是的，你有责任，所以你要调整、修正自己。你调整、修正自己，当然是希望能够挽留他，重新赢得他对你的爱，但更大的动力应是来自于，我调整、修正自己，是因为我想做一个好妻子好母亲、一个更完善的女人。即便最后我不能留住你，但我今天所做的一切，会让我成长，会帮助我在今后的人生中赢得幸福。

说白了，你调整、修正自己，主要目的是为了自己能成为一个更完善的女人，也是为了自己在未来的日子无怨无悔。只有对过去无悔的人，才能把所有的能量投入于未来。如果你把立足点放在这上面，你就不会患得患失，内心就会宁静和坦然，自然就会守住挽留和乞求的界限，也会守住自己的尊严和原则。这时候你呈现出的状态，不是卑微的无力，而是向上的释然。事实上，只有这样，你才可能重新赢得对方的爱。

5. 他犯下的错，应由他自己买单

他出轨了。她知道以后，度过了人生中最痛苦的两个月。

两个月后，有一天晚上，他主动走到她面前，深深地低下头，请她原谅。

他说，他真是鬼迷心窍，现在才知道那个女人根本就不爱他，而是爱他的钱。她偷拍了他们在一起的照片，威胁说，如果他不给她 50 万元钱，她就把这些照片公布出去，让他在这个城市没法做人。

他说："你一定要帮我，我现在可以依靠和求助的人只有你了。"他提出的方案是，由她出面，散布消息，那个女人勾引了她的老公，还倒打一耙，想讹她家一笔钱。

"你出面说，别人会比较相信。"他说。

老实说她有过犹豫，一方面，她还是很爱他的，不想让他因为这件事，名声受到影响；另一方面，她也恨那个女人，要不是她的插足，她的婚姻哪来这番波折？如今，这成了她心里一片挥之不去、每每想起就心痛的阴影。身边的闺蜜也都义愤填膺地怂恿她："一定不能让那个小贱人得逞！再说他毕竟是你的老公，你们是一家人，是一个利益共同体，先一致对外，回头再慢慢教训他。”

她想了整整一夜。第二天她对他说：“这件事我不能帮你。首先，虽然那个女人这样做不对，但如果我出面散布谣言，我也不对，也违背了我的做人原则；其次，这是你自己犯下的错，我希望你自己去面对去处理，我能做的是，在你可能因此遭遇麻烦的时候，陪在你身边。”

她没有帮他。

他对这件事的处理方式是报警。那个女人没有得逞。但在这个小城市，这件事还是很快传开了。唾沫星子淹死人，他明显地消瘦了，尤其是仕途受到了影响。本来这次升职他是十拿九稳的，却莫名其妙被别人取代了。他回家后唉声叹气，她什么也不说，默默地给他递上一杯茶。

两个人走在街上，他能感觉到背后有人指指戳戳。他别扭，她紧紧地握住他的手，旁若无人地和他轻声说笑。从她掌心传递出的温暖，缓解了他的不安和尴尬。

他们的婚姻，经过这样一番波折之后，反倒更稳固了。他们之间的感情，因为要共同面对舆论的风暴，反倒更亲密了。

有时候他也抱怨她：“你看，那时候你要是按我说的去做，哪有今天这些事儿！”她对此只是笑一笑，心想，如果不让你为自己犯下的错误买单、付出代价，亲自体会因为这个错误而招致的麻烦、恐慌、伤心、难堪与悔恨，你怎么会对出轨这件事有如此深刻的认识呢？就像一个玩火的孩子，你对他说，火很烫啊，很危险啊，他没感受，总会跃跃欲试，你狠心让他烫一次，他知道了火的厉害，自然就不玩了。

就像现在，他还会时不时就感叹，“外头的女人再好，也不如自己的结发妻子”。

有一次，亲戚中有人出轨，他去劝人家，“男人啊，有些错可以经常犯，有些错一次都不能犯”。她在一旁差点儿笑出声来。

6. 控制自己，只说一次

微博私信，有位读者对我说："卡玛，我没能做到你让我做的，我没能控制住自己的情绪，和他大吵大闹，他也彻底烦我了，我把事情搞得一团糟……"

几个月之前，她给我发私信，告诉我她的先生有了外遇，目前正处于矛盾中。他对她留恋，正常回家，只是对小三放不下。她很气恼，但是不想离婚，不知道该怎么办。

我说："既然你不想离婚，那就想办法挽回。我知道你现在肯定控制不了和他谈这件事的冲动，希望他能给你一个明确的态度和选择，可是，他现在肯定没有明朗的态度。你整天拿这件事逼他，让他感觉回家是一件很有压力的事儿。时间长了，你们渐渐疏远，他的心理天平自然会往小三那边倾斜，到时候你想挽回，也见不着他了。"

可是，现在她来告诉我，她没能做到。她说："我控制不了自己。"

当一个女人得知丈夫有外遇时，情绪一定会在瞬间陷入彻底抓狂的状态。这时候她根本无法冷静和平静，只想抓住那个花心的男人，要他说清楚，"究竟是怎么回事？你还要不要这个家？你是想要我，还是想要那个狐狸精？”

她急于从那个男人口中，得到明确的答案。可是，那个男人此时何尝不是陷入矛盾和纠结当中？每个女人，在丈夫有了外遇时，都会一相情愿地认为，都是那个女人勾引了他，都是那个女人的错！都不愿意承认，自己的丈夫和那个女人之间，也可能有爱情。对于那个男人来说，新欢和旧爱，都关乎于情，要抉择，并不是一件容易的事。

此时，你要逼着男人作出选择，无疑是给他极大的心理压力，压力大到一定的程度，他本能地会想到逃避，不想见你，不想回家。这么一来，你不是给了小三可乘之机吗？

如果你还爱着他，如果你不想失去婚姻，此时最有效的做法是，选一个比较温馨放松的时刻，温和而坚定地对他亮出你的态度，“我爱你，也爱这个家，我不想离婚！也许在我们过往的婚姻里，各自都有这样那样的问题，让我们都给自己一些时间，去审视和调整自己，也给我们的婚姻一个机会，让我们在婚姻里慢慢成长。我相信，一切都会好起来的”。

这段话，你只需要说一次即可，别再多说。

之后，你反省自己，如果确实自己在婚姻生活中存在问题，那么就调整自己。当他和你在一起的时候，让他看见你的转变，你如常地过好自己的生活，而不是缠着他，指责他不对，逼他作出抉择。如果抉择这么容易作出，那么只能有两个原因：一、你的丈夫在骗你，敷衍你；二、你的丈夫根本就是薄情寡义之人。

之后，谋事在人，成事在天。也许你付出努力之后，仍然没有保住你的婚姻，那么你至少没有遗憾。因为，你已经拿出最大的诚意努力过。

即使婚姻破裂家庭离散，你可以将之归结为命运，不纠结，不后悔，不遗憾，轻松、坦然地走上人生的下一段路程。

我无数次听见女人对我说：“卡玛，我知道你说的是对的，可是我做不到啊，我控制不了自己啊！”

好吧，试试我教你的方法。

当你又处于那种抓狂的状态中，先让自己安静下来，然后和自己交流，问自己：“你想干吗？”

你听见自己的回答：“我让他给我一个痛快话，是选择我，还是选择那个狐狸精！”

你说：“你不是问过他了吗？他给你一个痛快话了吗？”

“没有啊，所以我才这么抓狂。”

“既然得不到你想要的答案，为什么还要问呢？问了不是更难受吗？”

“我怎么办啊，整天想着这个事儿，难受。”

“找朋友聊天，做运动，旅行……过好自己的生活。”

“这事儿我就这么拖着？”

“不会，你想拖也拖不了。你不急，小三就该急了，天天向你老公施压，那时候你老公就会觉得和小三在一起的感觉没有那么美好了，就会想起你的好了……”

“真的？”

“你着啥急？你是妻子，受法律保护，着急的是小三，没名没分的。再说你老公现在这么纠结，不就是因为对你对这个家还有留恋嘛。要是他真的不留恋了，也就不会纠结了。”

“也是。”

……

自己和自己这样对话，让自己慢慢平静下来，同时内心不再慌张，重回理性，就有力量升起。

基本上，当你的情绪不再向外——都是你不好，你没责任心，你出轨，你花心……而是向内和自己交流，保持对自我的觉察——你在害怕什么？你想要的是什么？你怎么才能处理好现在的问题……你的成长之旅就已经开始启动。

我知道，你可以的。

7. 当出轨者将自己定义为罪人

她出轨了，不过很快认清对方不过是抱着玩一玩的心态。她想回头，向老公坦白了一切，并为此深深自责，我太不争气了，我的人生有了污点，我觉得自己恶心，我这样的人就不应该活在这个世界上，我罪大恶极……

老公和她有很深的感情，依然想和她一起生活。她也知道自己做错，一直以一种赎罪的心态面对老公。

但是，她很快就发现，老公的情绪起伏很大，好起来的时候很好，似乎一切不愉快的事情都没有发生过；但是不好的时候，老公就会用各种话羞辱她，比如“你这种女人还活着干吗？我要是你早一头撞死了”“你这种女人根本就不配做母亲，你将来怎么面对孩子?!”这让她痛苦不堪，她说：“他总是这样反反复复，我不知道该怎么办，是要我死吗？也许只有我死了他才能真正原谅我……”

婚姻中出轨，出轨的一方很快醒悟，想回头；没有出轨的一方也对他（她）有很深的感情，不想离婚，两个人达成共识，愿意将不堪回首的一页翻过去，重新握紧彼此的手，一起生活下去。但就是这个时候，没有出轨的那一方，发现自己根本无法做到“将那不堪回首的一页翻过去”，那一页，像一根扎在身上哪个地方的刺。因为不知道扎在哪里，所以拔不出来，可是它时不时又疼一下，让你知道它一直存在，真是要让人发疯啊！而出轨的一方，看见对方这么痛苦，内心更是充满了罪恶感，于是就不停地加重对自我的惩罚，近乎自虐式的忏悔，以期让对方心里好受一点儿。可惜，事与愿违，往往出现的情况是，你越是忏悔，对方越是抓狂，越是不能从痛苦、屈辱中解脱。最后，两个人都掉在一个无底的深渊里，谁也没有力量拉谁一把，就这样撕扯着抱成团一块往下掉……

见过很多夫妻，就因为一方有过出轨行为，虽然没有离婚，但一辈子都过不好了。

其实大部分出轨行为都是婚姻中的问题积累到一定程度的爆发，出轨是错，但绝对不是罪，谁在一生中不会犯错？知错，认错，并且拿出行动改正就可以。所以，婚姻中遭遇出轨，出轨的一方在向未出轨的一方坦白时，最好的态度是不卑不亢。“我做错了，对不起；能够体会到你为此承受的痛苦，对不起，我不会再让这样的事情发生了。我会用实际行动向你证明，让你放心的”。这番话，只需说一次，一次就好，之后就用实际行动证明吧。

现实中，更多的出轨者，因为急于想挽救婚姻，急于想让没有出轨的一方原谅自己，总以一种“我有罪”的态度，轻则抽自己的耳光，重则下跪，而且几乎将那套“认罪”的说辞像念经一样，一天念上好几遍，但效果却不好。

这是为什么呢？我们分析一下这两种不同的态度。

前者，诚恳、有力，承认自己犯了错，将自己的行为纳入

“错”的范围之内，并不是为自己开脱。事实上，这也有助于未出轨的一方能够从怨恨、无助、绝望的情绪当中解脱。他（她）会想，是的，他（她）犯了错，谁不会犯错？只要他（她）知错就改，这事儿就过去了。而且认错的话只说一遍，事实上好过一天说好多遍。因为你每说一遍，都在提醒对方你曾经背叛过他（她），不利于他（她）从你出轨带来的伤害中解脱。

后者，将自己定义为罪人，下跪、求饶，如此激烈的反应，会让对方愈发觉得出轨行为是严重的，他（她）更加觉得自己受到了很深的伤害，更加委屈、怨恨、自怜，难以自拔。这种情形有点类似于一个小孩子摔跤了，如果你很平静地说，“没事儿，爬起来”，他（她）也就爬起来了；如果你说，“天哪，你摔啦？一定很疼吧？哎哟，心疼死我了”，他（她）就会感觉摔跤这事儿太可怕了，会继续倒在地上大哭。另一方面，当你将自己定义为罪人，对方也就要相应地将自己定义为“审判者”“惩罚者”，他（她）也就必须作出审判、惩罚，否则，他（她）会觉得自己“太没用了”“太怂了”“太不是男人了”或者“太好糊弄了”“太好欺负了”……这种感觉，才是真正让他（她）情绪反复的根源。他（她）一想到这个，就要发作一通，以证明自己“像个男人”或者“我可没有那么好糊弄”。

有意思的是，一位遭遇妻子出轨的男人对我说：“我看见电视剧里，有的男人遇到我这种事情，要么杀人要么自杀，而我就这么平和地让这事儿过去了，是不是太没种了？别人会不会笑话我？”由此可见，其实婚姻中未出轨一方对出轨一方的态度，最终是不是能够原谅，坦然开始新生活，会受到出轨者对待自己出轨行为态度的影响，也会受到外界的影响。

8. 别为婚外情而离婚

说到导致离婚的原因，婚外情无疑是排在前面的。

婚外情导致离婚分成两个方面：一方面，出轨的一方，感觉遇到了更好的，离了；另一方面，被出轨的一方，死活咽不下这根刺儿，怎么也不能原谅对方，所以离了。

先说出轨的一方，当初处处拿外遇对象和老婆（老公）比，越比越觉得外遇可爱，老婆（老公）可憎。其实，哪有什么更好的？女人（男人）和女人（男人）能有多大差别？差别只是，老婆（老公）和你在一起待久了，你对她（他）的诸多优点已习以为常，对她（他）的缺点变得难以忍耐；对外遇，新鲜劲儿在那儿呢，你对她（他）的优点会很敏感，对她（他）的缺点选择了忽略。到最后真的在一块生活了，时间长了，新人成了旧人，往往会发现，这个还不如那个呢！会懊恼“这番折腾，何苦来”，会明白“其实无论和哪个女人（男人）在一起，都有矛盾、都有问题，不过是从一种矛盾变成了另一种矛盾，从一种问题变成了另一种问题”。有时候，你选择和哪个人一起生活，只不过意味着，你更愿意面对哪种矛盾和问题而已。

再说受伤者一方，当初面对对方的认错、恳求、挽留，怎么也过不去这个坎，对方的背叛成了一个无时无处不在的阴影，会觉得“我的理智能说服自己原谅你，但我的感情却不肯配合，只要想到你和那个人在一起的点点滴滴，我就本能地感到恶心”。等到真的一个人生活之后，开始感觉到独自生活还真不是说说而已，想寻觅新的伴侣，接触到一个又一个不同的男人（女人），也尝试着和一些男人（女人）交往，发现找到一个能让自己放心、甘心再婚的伴侣并不是一件容易的事。孤单的日子中，怨恨慢慢淡去，悔意逐渐上升。其实他（她）除了犯了那个错之外，算得上是个好男人（女人），而且他（她）犯错，自己也有的责任，那时候怎么就不肯给他（她）一个改过的机会呢？没有什么比后悔更能消耗、摧毁人的了。

离婚呢，不是不可以，但别因为婚外情而离婚，否则极有可能导致的结果是，与日俱增的、如影随形的悔恨时刻啃噬着你，以至于你再也无法寻觅、投入一段新的感情。你将更多的精力用在回忆过去而不是经营未来。

真正决定一段婚姻应该结束的理由是：我们确实不适合；我们的婚姻从来没有让我感受过幸福和快乐，哪怕只是偶尔；我们的婚姻生活再也无法运转下去……我不是为了任何人或者咽不下那根刺儿而离婚的，我离婚是因为这个婚姻本身就是个错误。

衡量结束婚姻对不对的标准是，不管你离婚后过得好不好，有没有遇到合适的伴侣，你从未为你结束这段婚姻而感到后悔，哪怕一次都没有。

第三章

婚姻是反复更新爱情内容的过程

长长的婚姻生活中，有许多爱的理由，也有许多不爱的理由。即便此时你心中没有爱，但只要以爱的方式行事，爱，迟早会回来的。好婚姻，是一次又一次重新爱上对方的过程。

1. 走过不爱之时

从结婚的第一天起，尚能总会每天晚上帮若溪倒杯水放到床头。恋爱时若溪曾对他说过，她有夜里喝水的习惯，他便记住了。这么多年，只要尚能在家，总是不会忘记那杯水。偶尔出差，他也会在晚上发条短信给若溪："别忘了给自己倒杯水放床头啊。"

若溪每天起床的第一件事，就是将尚能当天要穿的衬衫熨烫平整，挂在衣架上，只因尚能最爱穿衬衫。即使在冬天，他也是里面穿一件衬衫，外面穿一件羽绒外套。

每晚一杯放在床头柜上的白开水，每天清晨一件熨烫平整的衬衫，是他们每天都会为对方做的事，默默传递着彼此间不算热烈但很暖心的爱情。

这么多年，他们和别人一样，买了房子，有了孩子，为了生活努力打拼。他们的婚姻，也像大多数人一样，从甜蜜到平淡。当最初的爱与欣赏被生活的琐碎消磨殆尽时，彼此身上那些原本被忽略的缺点便日渐凸显，以至于觉得无法忍耐。

尚能受不了若溪的强势，不管什么事情，都得按她的想法来。就说孩子上幼儿园这件事，家门口就有一个幼儿园，可若溪看不上，偏要让孩子上区重点幼儿园。尚能觉得小孩子上什么幼儿园没那么重要，但若溪固执认为，教育得从小打基础，上什么幼儿园对孩子的一生都会有影响，尚能说什么她压根儿听不进去。结果找关系花钱不说，关键是离家太远，每天接送孩子就搞得尚能苦不堪言。

若溪觉得尚能越来越小肚鸡肠，没有男人气概。譬如说，她有时为点小事和尚能赌气、不理他，其实她也没有真的生气，不过是撒撒娇而已，只要尚能哄哄她，说几句甜言蜜语就过去了。可是尚能偏偏和她较真，无缘无故地要小性子——我哄你？谁来哄我啊？就是不能惯你这个坏毛病！屡屡让若溪不得不想，你还是男人吗？和我计较有意思吗？于是，他们之间的冷战往往能持续个把月。有时候若溪想想只有黯然落泪，什么不能惯我的毛病，说到底还是不爱我罢了。

很多时候，他们都会在心里悄悄问自己，我还爱他（她）吗？心里踌躇着，一个肯定的“爱”字迟迟说不出口。甚至彼此怄气的时候，就会想，当初怎么嫁（娶）了他（她）呢？分手的念头也不是没动过，可是怎么分？上有老下有小，离婚已经不是他们两个人的事儿。做人，总不能只顾自己，总不能不负责任。

婚姻至此，似乎已成鸡肋。日子如流水，一天天流过去。尚能和若溪眼睁睁看着时间带走彼此间的深爱与浓情，只剩下不痛不痒不咸不淡的义务，感到深深的无奈和无力。

可是彼此间再怎么不待见，每天晚上床头柜上的那杯白开水，每天清晨那件熨烫平整的衬衫，依然出现。也说不好为什么，也许是一种习惯，也许是一种坚持，也许只是不想做一个违背当初自己诺言的人。当初，他们的新婚之夜，曾经执手相看，郑重地对对方说，“我会让你幸福的”。

于是，无论再怎么和尚能冷战、怄气，若溪每晚看见在床头柜上出现的那杯水，心也会热一下。夜里口渴，一口水滑到胃里，凉凉的，很舒服，再看看身边躺着的那个人，似乎也没有那么讨厌了。

尚能有时候被若溪气得胃疼一夜，但是早晨出门前，穿上那件熨得平平整整的衬衫，心似乎也被熨平一般，胸口不再堵得慌了。

似乎也就是因为这杯水、这件衬衫，让他们的婚姻仍然保持着一点点温存的气息，让他们对彼此的怨念，始终没有突破底线。

这年三月，若溪遇到了电台一档夜间节目的男主持人。若溪是这档节目的常驻嘉宾，每天深夜他们在直播间里和听众说人生谈感情，不产生一点反应也不太可能。若溪越来越渴望晚上的那一个小时，对方也总会在节目结束握手作别的时候，暗暗地使劲。只有两人感知到的力度，有些暧昧，也给了若溪幻想的空间。

他们的节目，尚能是悄悄听的。若溪的变化，他也能感觉到。每每听见若溪在收音机里和另一个男人谈笑风生，总觉得特别不舒服，愤愤地想，至于吗，跟打了鸡血似的！有时候他也会产生一点阴暗的想法，反正这种日子我也很厌烦了，你别让我找到越来越多离开你的理由。不过“愤愤”完了，“阴暗”完了，他依然会给若溪倒杯水放在床头柜上。若溪做完节目回来，已经是夜深，很累，但还会将第二天尚能要穿的衬衫熨烫好再睡。那段日子，两个人几乎不照面，他们所有的交集，都是通过这杯水这件衬衫完成的。至少，这让他们在心理上对彼此不至于陌生。

六月的一天，若溪去做节目。在电台门口，看见她搭档的车正好过来，车里坐着一个女人，是他的妻子吧？搭档下车时，探过头与车里的女人深情吻别。晚上，当他再次握住若溪的手并暗暗用力时，若溪突然对这种暧昧的游戏感到厌倦，甚至有一点恶心。那天晚上，她回到家，看到床头柜上的那杯水，泪水突然掉下来。她照例去给尚能熨衬衫，一边熨一边掉泪，越想越伤心，不知不觉就哭出来……尚能醒了，悄悄走到她身后，看着在深夜里一边给自己熨衣服一边落泪的女人，突然感到心疼。他没有问为什么，只是从背后紧紧抱住她。

两个人都开了一点小差吧，兜兜转转还是回来了。说不清是为什么，各方面原因都有，但是什么原因也不再重要。重要的是，他们再次肯定了自己最初选择的人，确定要一起走下去。

这年年底，尚能和若溪去了日本。这是他们婚后的第一次出国旅行，在北海道的冰天雪地中和许多陌生人迎接新年。当新年的钟声敲响，他们甜蜜持久地拥吻，彼此都感受到了最初的心跳，那般热烈与激情。原来那些深爱与浓恋都在，只不过暂时冬眠。现在，在长长的热吻之中，它们终于苏醒——这个发现让他们热泪盈眶。

长长的婚姻生活中，有许多爱的理由，也有许多不爱的理由。感受不到爱意时，更需要以爱的行动去表现，以持久的爱恋和恪守去爱一个人，这才是真正的大爱。

所以，即便现在你心中没有爱，但只要以爱的方式行事，爱，迟早会回来的。正如一位作家所说，路是人走出来的。

好婚姻，就是一次又一次重新爱上对方的过程。

2. 婚姻是一场独自的修行

当桃子得知风舟患上抑郁症的时候，她陷入深深的自责之中。

她知道，风舟的抑郁症和她有直接关系。是她的强势、坏脾气，让内向、温和的风舟一直很压抑。尽管她总是说，“我这个人呀，就是刀子嘴豆腐心”，可是这几年来，她这张“刀子嘴”，说了不少伤害风舟的话。

“倒是没什么坏心眼儿，就是脾气大，和她合作总是提心吊胆的，就怕哪件事做得不入她的眼，惹得她发作”。这是同事对桃子的评价。朋友们也说她，“你什么时候把坏脾气改一改，就完美了”。同事或者朋友，其实在一起的时间很有限，而风舟作为与她朝夕相处的丈夫，要天天面对她的强势和坏脾气。“你从来都不尊重我”“你就是不愿意看到我高兴”“你这脾气真让人受不了”……这些话，风舟也和她说过，不过她从来不当回事儿。难怪他越来越不开心。婚后几年，风舟衰老得很快，而且身体状况也不好，刚三十多岁，就得了高血压。医生说，他的病和心情有关系。

桃子翻看风舟大学时的影集，照片里的风舟，一脸明朗灿烂的笑容。什么时候那个脸上总是挂着笑容的风舟再也看不到了呢？取而代之的是头上有白头发、脸上有皱纹、身上有高血压，现在又得了抑郁症的未老先衰的风舟。桃子的心揪成了一团。

桃子想，既然他和我在一起生活不快乐，那么我就放手吧。可是，这个念头刚在心里闪现，她就心如刀割。她爱他，一直都爱，只是为什么爱一个人，却让对方感受到的都是伤害和压抑呢？既然不舍得放弃，那就调整自己吧，改一改自己的坏脾气，让风舟看见一个全新的自己，感觉和她在一起生活是快乐的放松的——桃子在心里暗下决心。

江山易改，本性难移。要调整、修正自己，谈何容易？而且关键是，桃子总觉得，自己也没什么别的毛病啊，就是性格强势点儿、脾气坏点儿而已嘛。人无完人，你怎么就不想想我还有那么多优点呢？再说，爱一个人，就意味着要包容、接纳一个人的一切，你怎么就不能包容我一点儿呢？她觉得委屈。她问风舟："我有什么地方最让你受不了？"风舟想了想说："很多。举个最简单的例子。每次我让你帮我做什么事情，你总是说，'你求求我'。也许你是开玩笑，但是，我觉得很不舒服。"桃子说："你真没劲，连个玩笑都受不起，要不下次我让你帮我办事的时候，你也这么要求我。"没想到，风舟还真记在了心里。晚上，桃子照例支使风舟："去，给我倒杯水去！"风舟没动："求求我。"桃子不屑地撇撇嘴："好吧，求求你，给我倒杯水好吗？"这一声"求求你"说出来，桃子愣了一下，她发现自己心里真的很不舒服。

这种不舒服的感觉，让桃子第一次开始换位思考。自己让风舟说“求求你”的时候，他心里的感觉也应该是这个样子。在过去的时间里，自己总是图自己痛快，却从来没想过，对方的感受会是什么样的。自己这样说、这样做，会让对方觉得不舒服吗？会让对方觉得压抑吗？会让对方受伤害吗？风舟一直在默默承受着这一切，以至于得了抑郁症。她想，自己确实是亏欠风舟很多啊。

也就是从这次开始吧，桃子才真正意识到，必须改变自己，毫不留情地革自己的命。

那天，桃子去银行办事。人很多，她就拿出随身带着的电子书准备看会儿小说。可是她发现电子书死机了，于是给风舟发短信，问他怎么办。短信发出去很久，风舟也没回。眼看着时间白白浪费掉，她的脾气又上来了，怒气冲冲地给风舟发短信：“你干吗呢？没看见短信啊？”就要按下发送键的时候，她停住了。她想，如果自己是他，收到这条短信会是什么样的心情？略微迟疑，她慢慢地将那条短信删了。心里的怒气还是没有消，她站起来，四处走一走，不停地做深呼吸，心情慢慢地平复了。

这时候，风舟的短信来了：“刚才领导找我谈话呢，没顾上回你的短信，现在我教你——”瞬间桃子的眼泪夺眶而出，幸亏刚才没将那条短信发出去。

之后，桃子每次遇到自己要发脾气的时候，就做深呼吸，缓一缓，让自己心情平复。另一方面，她会想一想，如果别人对我这样，我会有什么样的感受。她发现，当她这样做以后，自己的暴躁脾气完全是可以控制、平复的。

她尝试着温柔，发现温柔并不是多难的事儿。原本就是她心里的东西，让它自然流淌出来就行了。以前，她总是刻意把自己这一面隐藏起来，也许是她没有安全感的缘故吧。潜意识里，她一直有这样的隐忧——我不能让你看见我温柔的一面，不能让你知道我有多爱你、多在乎你，否则，你就会伤害我，就不会珍惜我，就会在我面前嘚瑟……

当她突破内心的障碍，温柔地对待一切时，她发现自己心里舒坦敞亮多了。以前的她，活得像个斗士；现在的她，肌肉放松，肢体柔韧，举手投足间，女人味儿自然而然地流露。

调整、修正、完善自己的过程里，桃子也会有反复。摒弃自己已经沿用几十年的待人处事的方式，毫不设防地打开心扉，不是容易的事情。这不仅仅需要勇气，更需要鼓励。所幸在这个过程里，风舟以及她身边的同事、朋友都给予她积极的回应。大家都感觉到了她的变化。同事觉得她越来越好合作，朋友觉得她越来越可爱。风舟以前下班想到要回家就有些发憷，现在变得喜欢在家里待着了。

现在的桃子，从以前总是以一种防御、攻击姿态示人的女汉子，变成了一个温柔、善解人意的女人。风舟做工程监理，每天在工地上爬上钻下，很累，有时候回到家里，往沙发上一靠连鞋都懒得换。这时候，桃子会烧一壶热水倒在泡脚盆里端到他面前，蹲下身子，帮他脱掉鞋子，为他洗脚。桃子说："当我能从容地在他面前蹲下身子的时候，就是我对我们的爱和婚姻真正有了信心的时候。"

原本，桃子是为了风舟，是为了他们的婚姻能够更好地持续下去，才下决心调整、修正和完善自己。但到最后，她发现在这个过程里，自己才是收获最多的人——人际关系变得更融洽，比以前更接纳、喜欢自己，活得更愉悦、放松、豁达……

婚姻是一场独自的修行，你为自己的伴侣、为你们的婚姻所做的所有努力，到头来最终的受益人却是自己。

3. 没有实力的原谅毫无价值

一个女人，发现老公出轨了，痛苦、愤怒、伤心，面对丈夫的认错、承诺，纠结了很长时间，还是舍不得离开他。他的能力、风度、幽默，让她觉得如果失去他，再也找不到更好的了，于是她选择了原谅。

可是，她很快就发现，老公又和另一个女人勾搭上了，继续夜不归宿，谎话连篇。她蒙了，这个男人已经不是她当初认识的那个男人了，怎么办？

一个女人，如果老公家暴后，每次都是下跪、求饶、写保证书，但过一阵子他还会再犯。她绝望到极点，但最终还是选择了原谅。不原谅怎么办？孩子这么小，她又没工作，离婚后生存都成问题。

这些女人的困惑在于，认为人心都是肉长的。她这样一次次宽容、妥协、一让再让，应该能感化对方，让他学会改正，懂得珍惜，但事实并非如此。

为什么呢？这就像战场上，对方已经知道你弹尽粮绝、实力耗尽，你还想与他谈判，讨价还价，谁搭理你呀？

在爱情和婚姻中，一个女人的实力体现在哪里？一是经济独立，一是人格独立。缺一，你的原谅就毫无价值。你害怕失去他，不想离开他，你靠他养活，他不养活你你就得饿死……这说明什么？说明你除了原谅别无选择！在这种情况下，你还想让他学会改正、学会珍惜？做梦去吧——因为人都有惰性，遵循以往的模式生活是最容易的。

只有你拥有随时可以离开他的实力，随时有自由选择的权利，你的原谅才有价值，他才会意识到你不是离不开他才选择了原谅。你原谅，是因为你在意、珍惜你们曾经的感情，是因为你爱他，是因为你宽容。最重要的是，你要让他知道，你的宽容是有限度的。如果他将你的宽容当做软弱可欺，你随时可以离去。

只有这样，你的原谅才有价值，才能触动对方的内心，才能促使对方反思和修正，才能让对方有动力改正错误，完善自我。

所以，真遇到那种不知好歹还自我感觉良好的男人，你与其把精力都放在忍让和妥协上，还不如放在提升自己实力、强大内心上。

4. 往婚姻的存折里存些爱

他偶尔一次出轨，让她想到了离婚。

他自知此次犯了大错，连请求原谅的话都不敢说，只能任悔恨一点一点地啃噬着自己的心。有一瞬间，他甚至觉得，如果失去她失去婚姻，他的生活将毫无意义，但他不知道该怎么挽回。

而她，真的走到了离婚的那一刻，突然发现自己却有这么多的不舍、疼痛。

她想起结婚这么多年，每次生理期，他都不舍得让她碰凉水。即便再忙，他也会叮嘱她，“家务活等我回来干”。他每次出差，在外面吃到好吃的，看到好玩的，都想着和她分享。甚至有一次，将一碗热干面揣在怀里赶早班飞机千里迢迢从武汉带到北京，都顾不上回家，直接跑到她单位，将她叫出来，笑眯眯看着她将那碗面吃完。

婚后，她得了甲亢，脾气变得非常暴躁，他一句不经意的话都能让她歇斯底里地一通发作。每一次，都是他哄她：“老婆，是我错了！老婆，别生气了，好吧?”

她想，他出轨，和她脾气暴躁也有关系。

日日夜夜，点点滴滴，他们共度的每分每秒，此刻都显现出了重量。这重量拖着她、拉着她，让她走向分手路口的脚步变得沉重、迟疑。

说好这天在民政局等他，他没去。她也没打电话催。等了一会儿，见他没来，她竟然松了口气，忙不迭地回到家，悄悄收起那份离婚协议书，而没有问他“你怎么没去啊”。

他们的生活，恢复正常。

另外一对儿。她犯了错，骂了婆婆。婆婆得了胰腺癌，没人照顾，她也是出于好心，把自己的母亲请来照顾婆婆。结果，病中的人敏感、多疑，对她母亲的辛苦付出不但视而不见还诸多挑剔，甚至怀疑她母亲偷了自己的玉镯，还向探病的人诉说。她听见了，再也忍不住，指着婆婆破口大骂。婆婆受此恶言，病情加重，不久就去世了。

也许并不是她的原因导致婆婆去世，但他心里始终解不开这个结。尤其是，他想起母亲这一生，为儿为女，并没有享过什么福，最后还要受媳妇的恶言，他就无法原谅自己，更无法原谅她。他向她提出了离婚。

其实那些话刚骂出口她就后悔了，但说出去的话收不回来。看着他痛苦的样子，她恨自己。她对他说：“如果离婚能让你心里好受一点，我同意。”

离婚协议签了，但他们相约过完孩子的 10 岁生日再去办手续。

那些日子里，他们相处融洽，或许是因为都想着这是最后在一个屋檐下生活的日子了，彼此心里都有珍惜和伤感。

那些日子，反反复复在他脑子里萦绕的一个画面是，那年他遭遇车祸，她匆匆赶来，跪在医生面前哭求："医生，不惜一切代价，一定要救活他。不管他活过来什么样，只要有一口气就行!"

他想，这个世界上，他瘫痪在床都不在乎的人，除了她，还会有谁?

孩子生日的那个晚上，她哭倒在他的怀里，说："我怎么那么混蛋呢?怎么说了那样的话呢?我对不起你，对不起咱妈!"他也哭了，抱着她说："都过去了，一切都过去了。如果妈在天有灵，也会原谅你的，也不希望咱们这个家散了。"

孩子的生日过了，谁也没提办手续的事儿。因为只要想到从此将成为毫无关系的两个人，他们就觉得心如刀割。时间似乎一下子就停顿了——失去彼此的日子，他们不知道怎么过下去。

他们有那么确切的理由可以离婚，只是真正到了离婚的时刻，心里的痛、不舍，让他们迈不出这一步。为什么会痛会不舍?那是因为在那些共度的时光里，他们曾经真心对待过彼此，真心付出过。那些爱的累积，一点点稀释、融化掉伤痛，让他们尽管心里有这样那样的可能要花很长时间去解开的心结，还是不能、不忍分开，不舍得放弃，还是想办法去理解、宽容和原谅，还是想要一起走下去。

要善待你的伴侣啊，要往婚姻的存折里多存些爱。这就像我们存钱，是为了不时之需。储存爱的时候，也许看不出来有什么用，对方也许也没什么反应，但关键时刻，这些爱会显示出它的巨大能量，护佑你的婚姻走过那个艰难的关口。

5. 已经牵上的手，别轻易松开

一个摄制组来到老年公寓，想拍一部关于失智老人的纪录片。所谓失智，就是俗称的老年痴呆。

老太太叫夏兰，78 岁，已经出现一些痴呆症状，生活无法自理。女儿在外地工作，没有办法照顾她，只能把她送到老年公寓。摄制组入驻的第一天，老太太就念叨一个名字——士泉。她说之前她和士泉天天在一起，并声称，如果士泉不来看她，她就不吃饭。

绝食到第三天，老年公寓的工作人员没办法，给老太太的女儿打电话，才知道士泉是老太太的前夫，他们四十多年前就离婚了。离婚后，士泉带着儿子去了广东，并且再婚。他们这四十多年没见过面。所谓“天天在一起”，大概只是她深藏于心的一个盼望，或者是思念压抑太久而产生的一种幻觉。

女儿说：“爸爸和妈妈是师生恋，郎才女貌。他们结婚后，母亲脾气火爆，但父亲一直忍让。最终因为一件小事，母亲又大发脾气，并且不依不饶，闹着要离婚。父亲没办法，只能同意。”

摄制组帮老年公寓的工作人员想了一个办法，给老太太的前夫打电话，让他给老太太打电话，劝她吃饭。一番辗转联络以后，士泉的电话打过来，一声亲切的呼唤“小兰”，让老太太的脸上露出了一抹与年龄极不相称的羞涩、甜美又温柔的笑容，喃喃叫了一声“士泉……”士泉在电话那边温柔地说：“小兰，你要听话，要吃饭，听见没?”老太太用力蠕动着嘴唇，清晰地说：“士泉，你给我的清水，都是最好喝的……”

这时候，一件奇妙的事情发生了。摄制组的一位年轻男导演恰好进来，老太太看着他，再次露出那种羞涩、甜美又温柔的笑容，喃喃地说：“士泉，你来了……”所有人都惊呆了。摄制组的人又给老太太女儿打电话，询问她父亲年轻时的长相，结果不出所料，年轻时的士泉和这位导演长得很像。于是，大家当机立断，就让这位导演扮演士泉，喂老太太吃饭。年轻导演捧着一碗粥，坐到老太太床边，温柔地说：“小兰，我喂你吃饭，来，张嘴……”老太太乖乖张开嘴，喝下了绝食三天以来的第一口粥。

第二天，摄制组来到老年公寓，负责看护老太太的护工告诉他们，老太太的精神状态明显好多了，嚷嚷着要吃肉，并且“还要士泉喂我”。于是，年轻导演再次扮演士泉给老太太喂饭。老太太躺在床上，恬静、柔和，乖乖地一口口吃下递到嘴边的饭菜，时不时地用一种深情又满足的目光望向她的“士泉”。时间仿佛停止，人们悄悄带上房门，不忍打扰这一刻的美好……吃过饭，老太太拿起她放在床头的相册，一边翻看一边和“士泉”聊天。

相册里的那个叫夏兰的女子，美丽、阳光，“士泉”夸她：“你真好看!”老太太矜持地笑了笑，说：“有学问最好看。”“士泉”说：“是呀，你有学问，所以你最好看。”老太太说：“都是你教的。”“士泉”问：“我教你什么了？”老太太掰着手指头说：“无机化学，有机化学……三大本呢！”青春的回忆，是那么甜美，老太太似乎又回到和士泉共度的时光，似乎两个人从未分离。

相册里有几张两个人的合影，被中间剪开了。“士泉”问：“哎哟，怎么把我剪掉啦？”老太太轻轻地说：“我听说你又和别人结婚了，我吓坏了。”经过了漫长的岁月，她声音里的痛苦和脆弱还是那么清晰。

摄制组离开的前夕，年轻导演来到老太太床前，握着她的手说：“小兰，你知道我也老了，身体也不行了，不能天天来这里陪你。以后呢，我会做好饭，让这里的护工拿过来替我喂你。你要乖乖地吃饭，让我放心，好吗？”“好，你放心，你注意身体。”老太太深情地凝望着“士泉”，轻轻地说。

她确实做到了。摄制组离开之后，接到老年公寓打来的电话说，老太太每天都乖乖吃饭，精神很好。

结束老年公寓的拍摄任务时，年轻导演给老太太送上一朵玫瑰花，插在她床头柜的玻璃杯里。老太太的目光久久停留在这朵玫瑰花上，几近叹息般地呓语：“喜欢……爱情……”

是怎样刻骨铭心的爱与思念，让一个已经不认出自己女儿、不能自己吃饭的失智老人，仍然念念不忘、清晰如昨？既然如此，四十多年前，又为何那般任性轻易地松开爱人的手？或许是因为年轻气盛，或许是因为逞强，或许是因为一时想不开，又或许是因为根本就没意识到那个人有多么好……四十多年，她心里深藏的痛和悔是怎样夜夜吞噬着她的心？她咬紧牙关伪装出的洒脱与坚强，终于在她的意识渐渐丧失之时，她的痛和悔，才得以在世人和爱人面前显露，可是晚了。

亲如夫妻，有什么坎过不去？又有多少事，必须用离婚才能解决？一辈子，说长也长，说短也短，紧紧牵好彼此的手，一转眼，属于你们的这一辈子，就过去了。

这部纪录片的结尾，画面停留在那朵玫瑰花上。画外音：这朵玫瑰花，让我们懂得，什么时候应该宽容，什么东西应当珍惜。

第四章

夫妻之间的沟通不是为了解决问题

沟通的核心，不是讲大道理，不是说服，不是辩解，更不是争论谁对谁错，而是用心倾听、体会和接纳对方的感受。衡量一次沟通是否成功的标准是，能否通过这次沟通，体会到了对方的感受。

1. 怕就怕你是对的

小白和大力是一对结婚两年的小夫妻。

婚后他们一直在一件事情上存在分歧。

他们贷款买了婚房，月供五千元，要还二十年。小白的意思是趁着年轻，多挣点少花点，一鼓作气把贷款还清。大力的意思是，贷款慢慢还，生活不用太紧张，该花钱的地方还得花，比如一年至少安排两次旅行。

开始，他们就这件事进行沟通。沟通的模式通常是这样——小白和颜悦色，语重心长，摆事实讲道理——咱们现在年轻，吃点儿苦没啥，先苦后甜；以后有孩子，大部分金钱和精力都要放在孩子身上；双方父母都老了，将来花钱的地方多着呢，以后上有老下有小，再要还贷款，压力太大了……

她嘚啵嘚啵说了半天，声情并茂，入情入理，任何人听了都会觉得这是多么好的媳妇呀，她对家庭未来的规划是多么正确啊。

大力本来就不善言辞，小白这么一说，他实在想不出有什么可以辩驳的。

这样的沟通，每次都以大力的认同而告终——好吧，就按你说的办。

小白很高兴，自己把想法说出来，并且得到对方认同和服从，让她感觉心里很舒坦。

只是她渐渐地发现，大力在家里的话越来越少，脸上的表情也越来越少，感觉就是一具躯壳在家里晃，这让她很恼火。

有一天她终于发作了："你这样阴阳怪气的是什么意思？你有什么不满可以说出来，咱们可以沟通！"可是大力越来越不愿意和她沟通。每次她在那里嘚啵嘚啵说半天，他才回一句，"你刚才说什么"。

小白心里隐隐有些不安，这个男人究竟怎么了？当然她更多的是无奈。这种闷葫芦真是烦人，心里有什么从不痛快说出来！每次沟通都是我在说，他一句话都没有！

直到那天，小白忍不住又将大力拽到书房里要和他"沟通"。她照旧嘚啵一通，大力照旧在自己的世界神游。

小白看着他心不在焉的样子，再也受不了了，哭着问："什么意思？你不想过了是不？不想过了直说啊！"

看见小白流泪，大力蔫蔫地回了一句："我说啥啊？向来从头至尾都是你在说，你的目的不就是想说服我嘛，我说什么你在意过？"

小白想了想，也是，自己从来没有在意大力说什么。每次沟通她心里想的都是怎么说服大力，让他听自己的。

她不好意思地摸了摸大力的手："好了，好了，是我不对。你这么多天来阴阳怪气的就是为这个啊？好吧，今天我不说了，听你说！"

大力一副豁出去的架势："我就不同意现在咱们就得把

贷款还了。你长了一张利嘴，会说，我承认你说的是对的，但怕就怕你是对的。因为我驳不倒你，因为理都在你那边，所以每次沟通，到最后我都是听你的。你心里倒是舒坦了，可是我憋屈呀。每次都是这样，谁还愿意和你沟通啊？”

小白出于本能要反驳、争论，但她停了停，控制一下自己，尽可能温和地问：“一年两次旅行，对你真的那么重要？”

“当然啦！”大力睁大眼睛，突然之间似乎种种委屈涌上心头，眼圈也红了。“我实在受不了这种朝九晚五一成不变的日子，人都成了一台赚钱攒钱的机器。每天早晨我醒来，想想一天的生活，绝望地躺在床上不想起来……有时候我看以前的照片，想想那时候的时光，恍如隔世！我们才结婚两年，无论从外表到内心，我都感觉自己老了十岁！是的，这样拼命挣钱攒钱，我们能一鼓作气把贷款全部还清，可是有什么意思？到那时候，估计我已经不是我了，以前的那个我已经死了！”大力哽咽着说不下去了。

原来，他是这么想的；原来，他是这样的感受！小白内心受到很大的震动，一时之间也沉默了。

沟通的核心，不是讲大道理，不是说服，不是辩解，更不是争论谁对谁错，而是用心倾听和体会、接纳对方的感受。衡量一次沟通是否成功的标准是，能否通过这次沟通，体会到了对方的感受。

体会到大力的感受之后，小白做了妥协，决定不急于还房贷了。就按大力说的办，房贷慢慢还，该花的钱就得花，一年至少安排两次旅行。

一天晚上，小白和大力相拥在床，对着一台笔记本电脑商议去泰国的行程。大力一边高兴地搜索着泰国的特色美食，一边给小白绘声绘色地模仿泰国人妖的声音举止，将小白逗得哈哈大笑。

以前那个活力四射、创意迭出、爱和她说东说西的大力，似乎又回来了。小白也想开了。虽然他们可能要还 20 年贷款，但相对拥有一个快乐的丈夫和有情趣有质量的婚姻生活来说，还是值得的。

2. 将指责换成描述

情人节，她一大早就在心里暗暗猜测老公会给她什么样的惊喜，但是老公似乎已经忘了今天是什么日子，起床照例打开电视看新闻，照例坐在马桶上一边方便一边玩手机，照例是洗漱、更衣，匆匆忙忙出门……

整天她都在期待他的电话或者短信。身边的同事都收到了男友或者老公的鲜花和礼物，只有她什么也没收到。她不止是尴尬，还有落寞。

她想，也许他是想在晚上给自己一个惊喜吧。可是，老公却在短信里说：我今天和朋友去打球，你自己吃饭，别等我。

落寞的心情，很快被愤怒取代。那一瞬间，她很想打电话大骂他一顿——就像去年那样。

去年的情人节，他也是这样，失望至极的她在电话里责问他："你心里还有没有我啊？哪有你这样做老公的？不送礼物不送花也就罢了，连一句祝福都没有！我们同事还以为我离婚了呢！你在外头和你那帮狐朋狗友鬼混吧，最好别回来。在外面不是挺自由挺舒服的嘛，还没人管，你回来干吗啊？这个家有你没你有什么区别啊？"结果，没等她把话说完，他就把电话挂了。

今年她突然不想骂他了，骂有什么用？骂了那么多次，他还不是想怎样就怎样嘛！

晚上，老公一身汗味一脸不安地回来了——他知道今天是情人节，只是不愿意花心思。或者说，他根本就不想让她如愿以偿。

他以为遭受的又是一阵排山倒海的责骂，但是家里很平静。客厅的桌上，静静地放着一盒巧克力，还有一张卡片，上面写着：亲爱的，节日快乐！

他有些惭愧，向坐在沙发上看电视的她解释："不好意思啊，下班就被他们拉去打球，没给你买什么……"

她淡淡地说："没什么啊。我也是刚回来，本来准备自己安慰一下自己，去吃顿好的，可是到餐厅里一看，好家伙，全是成双成对的，我一个人吃饭真是不自在，所以简单吃了碗面条就回来了。现在想想，我真不喜欢过什么情人节。今天我们办公室里，各种快递络绎不绝，送花的，送礼物的，就我什么都没有，搞得同事们都觉得亏欠我似的。他们本来挺高兴的，但又不敢表现出来，就怕我心里不好受。看他们这样我心里更别扭，所以下午我就找个借口离开办公室，但又没地方去，只能在大街上溜达。街上也不消停，到处都是卖花的……"说到这里，她有些哽咽了。

她没有指责他，只是描述自己失望和难过的心情，其实说的是同一件事情。这一次，他听进去了，也感受到了，内心充满愧疚和自责。他有些后悔："唉，我一个大男人，和她较这个劲儿干啥呢？"

夜里，他躺在床上，看着身边轻轻发出鼾声的她，想着她一天的经历和心情……悄悄起身，在手机的提醒事项里，输入：情人节，礼物，切记切记。

3. 妻子的鼓励

他是做期货的，赚得挺多，当然压力也大。有一句话说，期货能让你一夜暴富，更能让你一夜赤贫。

但是他似乎一直能在其中做得游刃有余，没赔过。渐渐地，她也有点迷信他了，他在她眼中成为神一样的存在。她放心地跟着他，过着富足的生活，做一个快乐、贤惠的主妇。她相信，凭他的能力，能处理好一切，她只要静静地跟着他过完这辈子就好了。

有一次，他回来，面色晦暗，倒在沙发上很累的样子，对她说生意上遇到了很大的困难。她鼓励他："你肯定能行，做这一行这么久了，你哪次不行过？我相信你！"他看了看她，不再说什么。这次困难，也似乎真的如她所说，有惊无险地过去了。

只是她渐渐感到他们之间总是隔着什么。

再后来，他想离婚，回家和她摊牌。她感觉天都要塌了，说："即便是判我死刑，也得有个罪名啊。"

他说："你很好，是我的问题。你知道，做这行的风险太大了，我常常感觉活得很累。即使回到家里，也依然是这样的感觉。时间久了，我有点受不了了，我只想一个人待着。”她觉得这个理由实在太牵强了：“这算什么理由？我知道你有压力，知道你累，我不也是一直在鼓励你，为你加油和叫好吗?!”

他什么也没说。

她不知道的是，在她每次对他说“你能行”的时候，其实也是把他架到高处，他不能不行，只能硬着头皮往上爬，或者说，这个家从不给他退路。

当他告诉她自己遇到困难的时候，其实最想听到的是，“没关系，谁都有赔的时候，赔了就赔了，大不了我们过结婚时清贫的生活，那时候我们不也是过得很快乐嘛，放心吧，不管怎样，你在我心目中都是最棒的!”

在两性关系里，当一方可以在另一方面前自如袒露出自己失败、无能、脆弱的一面时，这样的关系才具备其他关系不具备的温暖、深情和宽松，以及不可取代的唯一性。

对于妻子来说，最好的鼓励，不是对他说“我相信你能行”，而是说：“即使你不行，也不会影响你在我心目中的位置和我们的感情”。

只可惜，到最后，她也没有明白这一点。

4. 他不是不爱你，只是和你想的不一样

一位女性来访者给我讲述她和老公之间发生的事。

她老公是做生意的，经济实力不错。最近她要求老公给她投资三百万元开间服装店，没有想到老公一口回绝，“现在实体店的生意太难做了。你要是开网店，我可以支持，实体店就免了”。对此她颇有微词。

我问她：“你怎么解读老公的拒绝？”她说：“他不爱我，不舍得为我花钱。”

我想起我和前男友之间的往事。那时候我们都很穷，有一次一起逛街，我看上了一件毛衣，标价五百多元，如果买下，对当时的我们来说是一笔不小的花费，可是我太喜欢那件毛衣了，但男友不让买。他的理由是，“这又不是羊毛的，一件棉线衣要价这么贵，这些奸商就骗你这种不理智的消费者，我可不能由着你”。我偏要买，“我花自己的钱，你管不着，我花钱买个喜欢，受骗也认”。他趁我不注意，一把将我的钱包抢走，“你不是我女朋友我管不着，你是我女朋友，我就不能允许你干这种没脑子的事儿”。气得我差点儿当场跟他闹分手。

那时候我也和这位来访者一样，将男友的行为解读为

“他不爱我，小气、抠门”。后来在我们的交往过程中，发现他真不是小气的人。很多次我需要用钱的时候，他倾囊相助眼都不眨一下，那么他为什么会为一件五百多块钱的毛衣和我较劲呢？时隔多年之后，我才能了解，这和爱不爱无关，只能用性别差异来解释。女性是感性认识——如果你爱我，我那么喜欢这件毛衣，即使你觉得不值，也会买给我。男性是理性认识——这毛衣就不值这么多钱，这和爱不爱你无关，和你是我女朋友无关，只和我的智商有关。就像这个来访者的老公，他不是小气，也不是不爱她，他只是从他的商业经验、眼光判断，这时候开一间实体服装店，必赔无疑，他不允许自己干这种脑残的事儿。

我将自己的经历讲给这位来访者，她半信半疑，不置可否。确实，两性之间要能突破性别的差异，从对方的角度了解、理解对方不是容易的事情。生活中许多问题和矛盾，都来自于这种两性之间的差异。

比如，男人面对压力的时候，喜欢独处，这时候女人的询问、关心会让他感觉厌烦；女人面对压力的时候，喜欢诉说，需要男人的倾听、安慰。

比如，夫妻吵架的时候，男人会选择走开，认为双方冷静一下比较好；女人会一直想把事情说明白，吵透了，这时候男人走开，会让她抓狂。

比如，女人婚后，尤其是有了孩子之后，会将注意力大多放在家庭、老公、孩子身上，觉得一家人在一起就很幸福；但男人只有这些是不够的，他还需要朋友，一起喝酒、聊天、吹牛；需要爱好，踢球、旅行、打电玩——这些快乐是家庭、老婆、孩子不能带给他的。

比如，男人是“视觉动物”，女人是“听觉动物”，所以如果男人为女人做了很多事，但不善表达，女人仍然会觉得失落和不满足。

了解两性之间的差异，会避免婚姻生活中的许多问题和矛盾。尤其是，要能辨别出这些问题和矛盾是因为性别差异造成的，还是因为个人性格、爱得不够、沟通方式不对等原因造成的。这种辨别能力，是每个即将步入婚姻以及身处婚姻中的男人和女人都需要学习的。

第五章

强势女人的婚姻下场为什么会不好

许多人，尤其是女性，在婚姻中搞不清强势和强大的区别，或者说错把强势当强大。

强势是虚弱的、焦虑的、恐惧的、嚣张的、外强中干的、气急败坏的、狭隘的、封闭的、束缚的、愚蠢的、伤己伤人的、自欺欺人的、破坏性的……

强大是宁静的、有力的、自信的、温柔的、宽容的、悲悯的、流动的、自由的、谦逊的、尊严的、智慧的、开阔的、有建设性的……

1. 为何好女人没好报

在生活中，我们经常会遇见这样的女人——能干、聪明、孝敬老人、爱护孩子，里里外外一把好手，总之但凡和她接触过的人，对其评价都很高。然后就像是配好对似的，这样的女人通常会遇到一个“人渣”般的男人——自私、懒惰、出轨、撒谎成性、没有担当。最可气的是，这些男人出轨的对象，从外在到内在，从人品到能力，往往比不上妻子。

那么问题来了——这些女人是脑子被驴踢了还是精神有问题了？想想也不至于。她若真的是脑子有问题或者是精神有问题，当初又怎么可能在众多追求者中看中他呢？

我在从事婚姻咨询的过程中，总能听见这样的女人对我诉苦：“刚认识他的时候他不是这样的啊，现在他变了，变得连我都不认识了。”

了解这个变化的过程，通常都是这样的。

因为女人能干、聪明，所以对男人干的活儿总是看不上眼。比如，星期天早上，男人想给家人做顿饭，可是从他买菜、择菜到切菜、做菜……女人一路数落，各种看不上，菜不新鲜，肉有异味，菜炒得太老，肉炖得不烂，厨房弄得一团糟，洗锅放了太多洗洁精，等等。这个过程中，时不时穿插着女人的声音：“我来我来！”“哎哟，这菜咸的，打死卖盐的了”“这哪是厨房啊，活脱脱是灾难现场啊”……男人从开始的兴致高昂到后来的意兴阑珊，最后索性坐在沙发上看电视。

女人确实干得比男人好得多。从那之后，女人说，“得了，做饭这事还是我来吧”。然后没多久，女人说，“得了，买菜这事还是我来吧”。接下来，女人又说，“得了，擦地板这事还是我来吧”。“得了，洗衣服这事还是我来吧”……

女人不知道，男人确实做得没她好，但你得给他时间去练习啊，他一次做不好两次做不好三次做不好，第四次总该做得像样了吧？但女人没这耐心，“得了，有那工夫，还不如我自己做呢”。好，你做也行，但问题是，大部分女人都是活干完了心里却不平衡，忍不住抱怨丈夫，“你这倒好，我累得要死，你坐沙发上看电视，你好意思啊”。丈夫说，“我干的活你不是看不上眼嘛”。女人听了这话更生气了，“干不好是不干的理由吗？你真的想干，就不可能干不好”。可是等到男人真的来干，她又是一通数落，各种看不上……

女人对男人的工作也有看法，认为他不上进，没有做好自己的职业规划——男人在报社做发行工作，女人认为纸媒属于“夕阳产业”，男人应该居安思危，及早找后路。但男人觉得现在这份工作自己做得得心应手，和同事相处融洽，不想换工作，再说如果报社真不行了他再换也不迟啊。她说，“等你想换已经来不及了”。女人像唐僧似的，只要和男人在一起，总要念叨他的工作问题，“我都替你愁死了，你说万一你们报社完蛋了，你还能干吗”“每天无所事事，还不赶紧学点东西，你这样的情况和别人竞争没有一点优势”……每天听到这些，男人很抓狂。

后来，男人得到了一个换工作的机会，但新工作不是他喜欢的，所以犹豫不决。女人很着急，“机会不等人呀”。她趁男人去国外旅行的机会，替他辞了职。等男人回来，生米已煮成熟饭，一切都无法挽回了。虽然新工作待遇比以前要好很多，但男人不开心。他想念以前的同事，更恨女人不尊重他。女人却很得意，“我不先斩后奏，这机会早就没了”。

男人就是在这时候对这份婚姻能不能走到底产生了怀疑，但女人怀孕了。对新生命的期待让男人对以后的日子重新充满了希望。

他没想到的是，接下来的生活更糟。

新手妈妈本来就容易紧张，女人对男人为孩子做的任何事情都不放心，“奶瓶消毒了吗，消了几遍?”男人告诉她，按她的要求消了三遍。她不相信，自己又消了三遍。“刚才给宝宝喂奶拍嗝了吗”，男人说拍了，没拍出来。她急了，把孩子接过来靠着肩膀，没过一会儿孩子就打嗝了，她恨声骂“没用”……

男人初为人父的喜悦和兴奋都在女人的挑剔中消失殆尽，于是孩子的事情大部分落在她的肩上。她是真累啊，累极了就会向他发泄，说的话特别难听，“每天就知道吃饭睡觉，你有什么用啊”“还想让孩子叫你爸呢?你给孩子尽什么责任了?亏心不亏心啊”……

因为孩子都是她在带，所以孩子和爸爸不亲，只要妈妈。慢慢地，男人觉得自己在家里毫无存在感，活得超级累——上班，做自己不喜欢不擅长的工作；下班，孩子不要他，老婆指责她，他待在家里无所适从。渐渐地，男人不爱回家了。开始他还以加班为借口，后来借口都懒得找了，明目张胆地夜不归宿。男人不回家还能去哪里，不是逛夜店就是泡网吧。常在河边走哪能不湿鞋，出轨是必然的事。

女人蒙了，她万万没想到自己事无巨细累死累活，换来的却是这样的结局。哭闹、冷战、亲戚朋友来劝说……所有程序都走了一遍，大家一致认为男人太过分，女人太不容易。可是没用，男人油盐不进破罐破摔，谁的话都不听，谁的账都不买。

女人问他："那个小三哪儿好？"男人说："我知道你比她好一万倍。但是我心里的感受自己最清楚，和她在一起，我快乐、放松、有价值感，和你在一起我压抑、痛苦、活得行尸走肉一般，我还想多活几年呢！"

男人说，女人如果能容忍他和"小三"的关系，他可以不离婚；如果不能容忍，他也可以离。

她不能忍。她最不能忍的地方是，她该做的做了，不该做的也做了，事实证明她所做的是对的。她为这个家立下了汗马功劳，可最终在他那里她只落得一句"和你在一起我活得行尸走肉一般"。她选择了离婚。当然她获得了舆论的支持，所有人都认为男人变成了"渣男"，而她的下场也没有好多少，变成了一个怨妇。

2. 强势与强大

在接触大量婚姻案例的过程中，我发现许多女性都搞不清强势和强大的区别，或者说都错把强势当强大。

比如，我在“他不可能不为此心动”系列建议里，列举了一些能让自己的伴侣感到心动的言行。有一条说“他下班回来，累得倒在沙发上不想动，你蹲下身子，替他脱鞋，并打来温水让他泡脚”。

有一个读者对此评论说：“卡玛，你在哪儿弄来这些跪舔招取悦讨好男人?!”

比如，我对一个老公出轨的女人说：“如果你还爱他，而他也想回头，最好不要急于离婚，而是好好想一想，自己在这段婚姻里有没有问题和过错。”她很失望，说：“卡玛，本来以为你一定会支持我离婚的，女人难道就这么下贱吗？老公出轨了，自己还要反省自己错在哪里?”

所有这样的女人，她们都把强势当做强大了。强势和强大，一字之差，天壤之别。

强势是虚弱的、焦虑的、恐惧的、嚣张的、外强中干的、气急败坏的、狭隘的、封闭的、束缚的、愚蠢的、伤己伤人的、自欺欺人的、破坏性的……

强大是宁静的、有力的、自信的、温柔的、宽容的、悲悯的、流动的、自由的、谦逊的、尊严的、智慧的、开阔的、有建设性的……

举个例子。

一个女人，婆婆是很缺乏安全感的人，总担心媳妇会分走儿子对她的爱，于是对媳妇诸多挑剔。这个女人的应对方式是，“你儿子是我丈夫，他爱我是天经地义的，你眼睁睁看着，有本事你让你儿子别结婚别爱我呀！你最好识相一点，将来你有个病啊痛的，还不得我照顾？我也不是好欺负的，你现在对我这样，就别指望到那一天我能善待你”。

另一个女人在面对同样情况的应对方式是，“我了解你这样做是因为内心缺乏安全感的缘故，放心吧，有了我，你不但不会失去儿子，还会多一个人来照顾你。你爱你的儿子，我也爱他，所以，如果我和你关系处不好，他会伤心的。为了我们同样爱着的男人，我们要加强沟通和理解。当然，作为晚辈，我一定拿出高姿态，多体谅你，不和你计较；也希望你不要和我那么计较。你是长辈嘛，大人不计小人过，好吗”。

有没有看出这两种应对方式的区别？这种区别，就是强势和强大的区别。

3. 让他轻松地做真实的自己

当年，她是校花。他追了她三年，总算赢得美人归。

婚后，他虽然对她体贴呵护、宠爱有加，但稍有懈怠，她就会表示不满，用她自己的话说，“用鞭子抽他两下，他才会跑起来”。

不料，三年之后，他提出离婚，原因是出轨。

她第一次对自己一直尽在掌握的男人产生了失控感，无论她“再怎么抽鞭子”，对方都不肯动了。岂止是不肯动，而是要撂挑子不干了。

将要失去的时候，她才知道这个男人对她是如此重要。她一直以为是他害怕她离开，而如今，怕的人却是她，还是很怕很怕那种。

她问他：“你爱那个女人吗?”他说：“不爱，但是和她在一起，我特别放松。”

她又觉得有了希望，对我说：“卡玛，他现在对我还是很好，比如我半夜要喝水，他会立马起来给我倒；我来例假肚子疼，他会给我轻轻揉……他哪是要离婚的样子嘛！可奇怪的是，他一旦离开我，就似乎将我完全忘了，电话都没有一个。”

这的确是寓意丰富值得玩味的表现。

我问：“你知道这是为什么吗?”

我分析给她听：“其实他一直都爱你。他想让你满意，所以在你面前，他要调动自己全部的能量来爱你、取悦你。这些年，你一直都在享受着他的爱并认为这是理所当然，而没有回馈同样的爱去滋养他。因为缺少滋养，他心里那个爱的泉眼，就会慢慢枯竭。当他心里有满满的爱，他去取悦你时，是自然的，愉悦的；但当他的爱枯竭时，你要求他取悦你时，他是牵强的、吃力的。这么长时间坚持下来，他已经很累了。这也就是为什么在你面前时，他可以做得很好，一旦离开你，他就忘了你。因为那是他最放松的时间啊，哪顾得上想起你?”

她恍然大悟：“就是这么回事儿！他一直强调和那个小三在一起特别放松。”

我说：“因为他不爱她、不在意她，所以他在小三面前会放松；他爱你，怕你不高兴，所以在你面前就要竭尽全力地表现，当然会很累，以至于他想逃了。”

她很沮丧：“现在我该怎么办啊?”

办法还是有的，就看你能不能做得到。

首先，要用爱去滋养他，他可以半夜爬起来为你倒水，你也可以早上为他做一顿丰富的早餐……当他内心干涸的爱泉在你的滋养下重新注满爱的时候，爱会自然地流出来，他便自然地去爱你。这样，对他来说，爱你就是一件发自内心不费力的事儿了。

其次，不要有那么高的要求。一个男人，在追求你的时候，当然要调动全身的能量取悦你，这其实是一个非常时期的状态。结婚以后，他自然会恢复到常态，要允许他懈怠，允许他慢待，这是正常的。比如半夜里他不想起来为你倒水，你自己不能倒吗？让一个男人十几年如一日保持求偶时的状态，他肯定想逃了。因为他不逃，就得累死。累了，还不能表现出来，因为他一旦表现得很累，你就要闹腾，“你是不是不爱我了？是不是嫌弃我了？”他累，还得装作很高兴的样子，他能不压抑吗？

说到离婚，我觉得最可惜的一种是，其实双方不是不爱了，而是这种爱带来的是压力，尤其是只是一方承受，另一方却浑然不知。

最后我对她说：“要想婚姻幸福，最基本也是最重要的一条——让你的伴侣可以在你面前，放松地做真实的自己。”

婚姻，是一场漫长的马拉松竞赛，开始用力太猛、设计太过，肯定坚持不到最后。要想跑完全程，首先得放松。

4. 家应该是让人可以随心所欲的地方

周六清晨，马原躺在床上，还沉浸在朦朦胧胧的睡意里，但心里已经下意识地感到紧张。

他知道，用不了多久，黄佳就会走过来，“啪”地拉开窗帘，然后是连声催促，“起床起床！你说说，你大清早还躺在床上，起来陪我晨练去！”

如果他不起来，催促就会逐渐升级，演变成对他整个人生的不满和抱怨，“你说你一个大男人，早睡早起这事儿都做不到，你还能做啥？让你锻炼身体，就像逼你上断头台似的！快四十岁的人了，不注意身体怎么能行？没听见新闻里天天说有中年人猝死啊？你上有老下有小的，要真是出点事儿可咋弄？一点责任感都没有……”

其实也不仅仅是针对他周末赖床，他的一切事情，黄佳都要管。比如他酷爱玩游戏，黄佳偏偏看不惯，只要看见必是一通唠叨。他辩解说，“我上了一天班，回到家里也想放松一下啊”。他不辩解还不要紧，一辩解黄佳便有一堆话等着，“放松有很多方式啊，跑步、听音乐、打球……玩游戏才能放松？在公司盯一天电脑，回来还盯着电脑，你眼睛还要不要，身体还要不要？听音乐能陶冶情操，打球跑步能锻炼身体，你说说玩游戏能给你带来什么？"

总之，每天回到家里，马原就感觉进入监狱，时刻有一双眼睛在旁边盯着他监督他，有时候他感觉家里比在公司上班还紧张。

这天，马原告诉黄佳："最近公司新接了一个项目，我是主要负责人，所以这段时间我要忙了。希望你能理解。"黄佳撇嘴说："只要你干的是正事儿，我什么时候拖过你后腿啊！"

之后，马原真的忙起来了，经常凌晨一两点才到家，到家洗洗就睡了。一个月之后，黄佳有些担心了："公司也太过分了吧，把我男人当老黄牛使？这样的工作强度，铁人也得挂了啊。"她知道马原要面子，如果让他向领导提出减轻工作量，他肯定不会做的。所以，她找到领导的电话打过去，结果得到的答案是，"新项目？加班？没有这回事儿啊。倒是他和我们说最近老婆孩子回老家了，他回去也是一个人，所以在公司里待着"。

黄佳尴尬地挂断电话，大脑里一片空白。她给马原打电话，铺天盖地一通质问。马原自知理亏，但被逼到这份儿上索性不管不顾一吐为快："是的！我就是宁可待在公司也不愿意回家！回家就像坐牢！我做什么你都看不惯！那也是我的家，我想干吗就干吗！你在家里干什么我管过你吗？凭什么我做什么你都要管?!"

这次黄佳真的伤心又灰心了："我真的就这么让你讨厌吗？这个家就这么让你讨厌吗？我不管你了，从今以后你想干吗就干吗，你想要的自由，我还给你。”

恰好孩子放暑假，黄佳请了年假，带着孩子回老家了。

在老家妈妈的身边，黄佳又重新做回女儿，享受着妈妈的宠爱和照顾——年少离家，她和妈妈在一起生活的时间很少。

只是没过几天，黄佳就有点受不了了。为啥？因为妈妈总是管着她。这情景，对于黄佳是那么熟悉——

她捧着 iPad 看韩剧，妈妈说：“哎哟，离得这么近，你眼睛还要不要了？现在你不知道严重性，老了后悔也来不及了。”

她洗完头睡觉，妈妈把她从床上拉起来：“头发还湿着呢，不能睡觉，不然老了头疼！”

她去超市买东西，妈妈这也不让买那也不让买：“这都是华而不实的东西，买回去也不会用的，浪费钱！你们年轻人压力大，可不能挣一个花两个，要有计划有规划。现在孩子小，将来孩子花钱的地方多着呢，要懂得居安思危……”

吃饭的时候，妈妈的注意力全集中在她身上。她爱吃肉不爱吃蔬菜，妈妈就一个劲儿地将蔬菜往她碗里夹，还唠叨：“你不吃蔬菜怎么能行？必须把碗里的蔬菜吃了，才准吃肉！”

在老家，黄佳时刻感到有一双眼睛在监视着她，哪怕做一件很正常很正当的事情，她也要条件反射地先看看妈妈在不在，不自觉地鬼鬼祟祟偷偷摸摸，唯恐妈妈看到，又是招来一阵唠叨。

“回家就像坐牢！我做什么你都看不惯、都要管！”在老家的这段日子里，黄佳脑海里时不时冒出这样的埋怨，又蓦然心惊——这不是马原曾经对自己说过的吗？

每当她露出不耐烦的神情时，妈妈都会说：“丫头，我这都是为你好!”是的，她不怀疑妈妈对她的爱，就像她也总是认为自己是为了马原好才会管他那样——我要是不爱你我才懒得管你呢！可是，如果你的那些爱，带给对方的是压力和窒息，还有什么意义呢？尤其是，外面的世界我们无法改变和控制，如果在家里，我们都不能彻底地放松，生活还有什么意思？漫长的人生，如何才能熬得过去？

那段日子里，黄佳想了很多，尤其有时候她看到妈妈在家里想做什么就做什么的时候，她会想，人生最享受的一刻，也就是在家里自由自在地做些自己想做的事儿。她对妈妈既羡慕又感到不平——为什么你想做什么就做什么，我做什么你就要管？就因为你是妈妈吗？而同样的话，马原也曾经说过，“这是我的家，我想干吗就干吗，你在家里干什么我管过你吗？凭什么我做什么你都要管?!”黄佳在心里悄悄反问，“就因为我是妻子吗?”

黄佳终于体会到马原的感受了，原先的委屈和伤心也慢慢释然。

年假结束，黄佳迫不及待地回家了。一方面，她想逃离妈妈的管束；另一方面，她想马原了。

这种想念，掺杂着一丝内疚和悔悟。亲爱的，很抱歉，在很长的时间里，我让你在家里过得不开心、有压力，今后，我要将一个让你感到放松愉悦、可以想干吗就干吗的家还给你。

5. 你的好，其实他都知道

很多时候，她觉得很委屈。

她，外向，能干，精明，家里家外都要靠她把持。“如果没有我，这个家还不知成什么样子呢”，这是她挂在嘴边的一句话。

这样的事例，可以举出很多。

那一年，他们刚有一点积蓄。他想买辆车，她却审时度势，说服他用这笔积蓄买下第二套房子。当然，事实证明了她的眼光是多么正确——房价几乎翻了将近十倍不说，最重要的是，按照相关政策，现在即使有钱，也买不了第二套房子了。

那一年，他在一家广告公司做设计师，干得不温不火。她偶尔从别人的博客上看到招聘设计师的信息。她觉得很适合他，力劝他辞去工作去应聘。结果是，他不但应聘成功，且发展顺利。一年之后升任这家公司的设计总监。

那一年，他母亲来北京游玩。她发觉婆婆的面色晦暗，便要带婆婆去医院检查，婆婆不肯，认为没事儿。在她的一再坚持下，婆婆才去了医院，结果检查出宫颈癌，幸亏是早期，做手术之后，恢复得很好。婆婆说，“多亏了我儿媳妇，救了我一命”。

那一年，他下班回家喜滋滋告诉她，一个大学同学，力邀他一起投资一个“百分之百能挣钱”电子游戏厅。可是她却感觉不对劲儿。既然百分之百能挣钱，哪还轮得到你？她说什么也不同意拿出这笔钱。果然没过多久，就传来那位大学同学被刑拘的消息。此人以投资电子游戏厅为名，诈骗了两百多万元，挥霍一空。她的谨慎，为家里避免了一大笔损失。

一件件，一桩桩，都是她旺夫有道、持家有方的证明。她每每说起来，都是眉飞色舞手舞足蹈，内心有极大的满足。她的委屈，就来自于她为这个家立下汗马功劳，他却对她没有表达过感激或者是欣赏，哪怕是一句认可的话也没说过。他不说，她就忍不住自己说。“你是哪辈子修来的福气啊，能娶到我？”“太累了，这个家大大小小的事儿都得我操心，什么时候你也能帮着分担一些呀？”“你别不知好歹，哪天我走了，这个家也就完了”。诸如此类的话，每天她都要唠叨说个没完。

这些话，他不爱听。她说得多了，他就梗着脖子回一句：“行行行，就你能！这么多年对这个家，我啥贡献都没有！都是你的功劳！行了吧？”他不爱回家，有空闲就和几个街坊围成一堆下棋，一下就是好几个小时。她不满。他说：“我回来干吗啊？回来就听你摆功、显能？”

委屈积压得多了，她想撂挑子了。既然他不念我的好，我还在这里掏心掏肺地操持这个家干吗呀？她搬到娘家，向他提出离婚。

陆陆续续有人来劝她。

首先是他的一个哥们儿。“嫂子，你不知道，他每次和我们说起你，那骄傲劲儿，就别提了！”

其次是婆婆。“我儿子我还不清楚？他话不多，但我能看出来他对你是实心实意的。上次他们兄弟几个聚会，他大哥说你任性，他立马就不高兴了，‘她这些年，对咱家的贡献都摆在那儿呢，就算有点任性，也可以忽略不计’。”

再后来是她的闺蜜：“得了得了，离什么婚啊，我告诉你，你离了准后悔。上次你住院，我去看你，你家那位，心疼得跟什么似的，净和我说你的好了，说你能干、顾家，说着说着眼圈都红了……你就别作了。”

可是她还是有些悻悻然。既然如此，为什么他从来没在我面前夸过我一句？不过，原本一颗寒了的心，却慢慢变暖。

她妈一语中的：“你就是太要强，什么事都要拔尖。你能干，但这个家就是你一个人的功劳？他那是厚道，让着你，不和你争，你就恨不得把他的付出全抹了，把功劳都算自己头上。两口子过日子哪能这样啊？”

他来接她，她扭扭捏捏地和他回家后，问他：“你怎么尽和别人说我的好，却从来不对我说？”他说：“你成天显摆自己，我再夸你，你还不得上天啊?！我在家里还怎么待啊？”

她似乎有点儿明白了。

一个男人，其实内心多少还是有些怯于老婆比自己能干的，尤其怯于自己的老婆和外人会因此看不起自己。因为这份怯，他就不愿意说。但不说，并不代表他不知道。

善解人意的妻子，会在这方面给丈夫留有余地——在两个人的世界里，要强有什么意思呢？也许有一天他承认你比他强，却失去了他的心。

你的好，其实他都知道。但是你总是挂在嘴上，似乎是在提醒他，他无能，他没用，他没你不行……哪个男人会对此不反感呢？如果你不说，甚至还处处给他留面子，在外人面前树立他硬汉的形象，比如对别人说，“我们家，少了谁都行，就是不能少不了他”。他会因此暗暗感激你、更爱你。而你所有的付出，都会得到他心甘情愿的、毫无保留的回报。

她心里暗暗想，好吧，既然他不愿意对我说我有多好，那就不说吧，反正我知道他心里明白就行了。我也别再将自己那点好挂在嘴上了，说多了，好都没了。

6. 别四处显摆他的宠爱

电视上，一个狗血煽情的情感类节目，请来一个身患重病只能卧床生活的女人。女人往那儿一坐，神采飞扬地讲她老公是怎么心疼她照顾她。比如，她常年卧床，便秘，老公就用手给她抠；每天晚上，老公都要给她洗脚……主持人一听来劲了，让工作人员拿来木盆和热水，让她老公上来，现场展示怎么给老婆洗脚。

老公蹲在老婆脚边，在现场数百名观众的注视下给她洗脚。女人坐在椅子上，一脸志得意满，而我在那个男人的脸上，却看到了屈辱和忍耐。

那个男人脸上的神情我总也忘不了。

身边这样的女人也挺多。比如我认识的一个女人，总是在朋友面前炫耀说，她家的家务活都是老公做，就怕她累着。说的次数多了，老公终于不满了，理由是，“你总和别人说这些，说得我好像是个娘们儿似的，人家会认为没出息的男人才会成天待在家里做家务活。你以后要是再说，我就不干了！”

女人呢，总下意识地认为能够得到一个男人的宠爱，是自身价值的最好证明。于是出于虚荣或者确实是幸福满溢，忍不住到处显摆自己的男人是如何宠爱自己，然后享受着别人的羡慕、赞许或是嫉妒。但这些女人往往忘了一个问题——你这么显摆，你老公知道吗？他喜欢你这样吗？

事实上大部分男人不喜欢这样，除了少数内心足够强大与自信的男人，会不在乎被人评价为“没出息”“家庭妇男”，大部分男人还是希望能给外人留下一个“顶天立地男子汉”的形象。

聪明的女人，会懂得一边享受着男人的宠爱和照顾，一边在外面树立男人“大丈夫”的形象。我曾经见过一个女人，不会做饭，她家的饭几乎全是老公做，但她在外面总是说，“我家那位，平时很少进厨房的”。

虽然现在时代不同了，宠老婆、怕老婆、爱做家务的“小男人”形象越来越受到认可和欢迎，但即使抛却外界的评价和议论不谈，丈夫对妻子的宠爱，更应该属于家庭生活的私密范畴。如果他不说，你最好也别说。这是一种教养，一种尊重，也是一种相互间的默契。

所以，如果你有幸得到老公的宠爱，那么就别声张，偷着乐。

7. 别把离婚作为索爱的办法

宗文已经有一个月没回家了，他不知道怎么面对芳末。

宗文和芳末结婚6年，女儿4岁。芳末性格强势、脾气急躁，是俗话中的“刀子嘴豆腐心”；宗文体贴顾家爱女儿，一直在容忍着芳末的坏脾气。但人的容忍是有限度的，尤其是这一年办公室来了一位女同事。或许因为他们是校友关系，女同事和宗文走得近些，宗文在她那里也体会到了和芳末完全不同类型的女人味儿，温柔腼腆，话还没说笑容先挂上嘴角……每天和她在一起，对宗文来说是一种享受，下班后他越来越不想回家，也越来越不能容忍芳末的坏脾气。女人的心是敏感的，芳末很快就感觉宗文有些不对劲儿，终于在他的车上发现了另一个女人的痕迹——后排座椅上有一包吃了一半的糖炒栗子，而宗文是不爱吃糖炒栗子的。芳末拿着那包糖炒栗子追问宗文，宗文倒也坦荡，实话实说——加班晚了，考虑到女同事走夜路不安全，送她回家了。

芳末觉得没那么简单。首先，宗文以前很少加班，从这位女同事入职之后他才频繁加班；其次，他在家里话越来越少，对她越来越没有耐心，尤其是看她的眼神，竟然有一点厌恶。

她心里不安，但强势的性格又让她把不安、害怕隐藏起来，表面上显露的是冷漠和不在乎。

她对宗文说："这回你总算遇到真爱了。放心，我成全你，但你不能一边追求爱情，一边又拉着我。"然后，她就拿出一份拟好的离婚协议书，让宗文签字。平心而论，宗文对芳末的态度发生了很大的变化，与这位女同事不无关系，但顶多也就是喜欢而已。再说，女同事是有男朋友的人，他喜欢她，她不过是把他当做师哥，这一点他很明白，所以他从没想过离婚。

芳末一听这话更来气了："原来是她没看上你，你才在我这儿委曲求全。如果她也喜欢你，你是不是早撇下我们母女俩和她跑了?"之后，离婚被芳末挂到嘴边，宗文下班回家后不说话她提离婚，对女儿不耐烦她提离婚，抱着手机刷微信她提离婚，有时候他什么也不做，她呆呆坐在那里，也不知在想些什么，然后突然冒出两个字儿，"离婚"。

宗文不想离婚，但看着芳末那副强势的嘴脸实在是不想搭理。眼不见为净，他只好住到单位的集体宿舍里，也是希望芳末能冷静下来，意识到自身的问题，把暴脾气改一改。他没想到自己的行为对芳末是火上浇油，一次回去看女儿，芳末啥也不说，径自拿着离婚协议书逼他签字，一副你今天不签字就不能走的架势。宗文没办法，只好签字，然后逃也似的离开家。他想先过芳末这一关，真正要去民政局办手续时，他就找个理由不去。没想到芳末不依不饶，约好去办手续那天，她听宗文说临时有出差任务，立即赶到宗文单位，说她在民政局有熟人，去了就能办，吓得宗文躲到厕所里一直等到芳末离开才敢出来。

宗文不知道怎么面对芳末了，或者他知道该怎么做——认错、忏悔、说好话，但他不想这么做。6 年的婚姻生活里，一直都是他忍让迁就，他受够了！再说，本来他也没做亏心事儿！该直面他们婚姻中的问题了。宗文想，自己不能在芳末的强势、任性的阴影下生活一辈子，至少她要意识到这一点，然后调整自己。但他不知道怎样和芳末沟通，她的心思现在全放在离婚上呢。同时他也想，芳末这么着急离婚，难道真的对我没有感情了吗？是想摆脱我吗？

整个夏季宗文都躲着芳末，除了偶尔回去看女儿。他希望他俩都冷静些，别真离了又后悔。而芳末却步步紧逼，一见面就谈离婚，口口声声说，“你去追求你的爱情，没人拦着你，但你别拉着我呀！”宗文再三向她强调事实根本就不是她想得那样，她就冷笑，一脸不屑。没多久，她将家里门锁换了，宗文想看女儿得去学校。宗文最终同意离婚是因为芳末给女儿转学了，并扬言说“不同意离婚，就不让他见女儿”。

从民政局出来，芳末表情轻松，宗文有点伤感。他以为两个人可以白头到老，怎么就走到了这一步呢？他叮嘱芳末，“晚上睡觉时别忘了把门锁好”，芳末像没听见似的，转身给朋友打电话，“晚上咱们聚聚，我请客”。

离婚之后宗文时常回去看女儿。遇到芳末，她总是一副兴高采烈的样子，要么是健身，要么和朋友约饭局。看着芳末的生活并没有因为离婚有什么变化，宗文有些失落，更多的是放心。夫妻一场，他希望她过得好。离婚后的第二年，宗文再婚了。

芳末得知宗文再婚的消息后，跳楼身亡。死前给宗文留下遗书，并将离婚时从宗文那里要回来的手表留给他，“这本来就是送给你的”。她说，“我爱你”。

那么又为何急切、迫切地要离婚？芳末说，“我只是想让你对我好一点，一看你对我冷漠的样子我就受不了，所以用离婚来提醒、警示、刺激你。其实，我从来就没有想过离婚”。

第六章

对老婆好的男人最聪明

一个男人为孩子做得最好的事，就是爱他的母亲。因为一个生活在丈夫关爱中的女人，她的心是柔软的、舒畅的、温润的、安定的。她会宽容地对待身边的每个人，会创造出愉悦温馨的家庭氛围。

1. 婚姻中那些说不出来的苦

在外人眼里，墨菲是幸福的；在丈夫华轩眼里，墨菲也是幸福的。

一个女人，丈夫能干且忠诚，儿子聪明又健康，没有婆媳关系的困扰，不用为衣食奔波操劳——这样的日子，上哪儿找去？

看着因为自己能干与忠诚，让老婆过上如此稳定安逸的生活，华轩心里多多少少有些自得，所以话里话外，总自觉不自觉地自我标榜。“老婆，你是不是得给我颁个奖啊？现在外面那么多诱惑，我还为你守身如玉”“老婆，你有没有觉得你命特别好啊？能够嫁给我，衣食无忧，还不用担心小三来砸门”……

华轩有理由这样说。他勤奋工作，薪水全部上交，生活自律，还有什么可挑剔的呢？

每次华轩这么说的时候，墨菲总是笑笑，心里却有越来越大的一个空洞，大到她想自欺也没办法做到了。

是的，她不快乐，每时每刻都能感到这种不快乐。可是要让她说，她还真说不出来是怎样的不快乐。

每天晚上，华轩总是倒头便睡，而她总是失眠，躺在床上睁大眼睛想东想西。她很想有个人，在这样的深夜里，和自己说会儿话。她没忍住，推了推身旁的华轩："哎，咱们聊会儿天好不好啊?"华轩翻个身："别闹，困着呢，明儿再说。"明天，他去公司，她送孩子，分开走远……日子就是这样平静地滑过去，只是她心里又多了一些感受，只能自己消化。

偶尔，下雪的日子，墨菲站在窗前看着漫天飞舞的雪花，突然兴奋起来，转身对靠在沙发上看电视的华轩说："下雪了，我们出去走走好不好啊?"华轩白了她一眼："现在？这么大的雪，别闹了。"于是她只能站在屋子里，看着窗外的雪花，任由心中久违的激情一点一点地熄灭，直至心中一片冰凉……

还有，她过生日的时候，他送她 LV 皮包，告诉她："我们公司女同事羡慕得眼睛都绿了。"可是那个晚上，他照样窝在沙发里看电视、玩手机，似乎她并不存在。墨菲想起一句流行于网络上的话，"世界上最遥远的距离，不是相隔千里，而是我就在你面前，你却低头玩手机"。墨菲想，说这句话的一定是女人。就像华轩，他的心思有一秒钟放在她身上吗？没有。他一定觉得，已经送你这么贵的礼物了，已经完成"好丈夫"的任务了。然而她知道自己不能不满，否则，不仅是华轩，即便是一个外人都会问，"你还想怎么样啊"。她站在浴室镜子前问自己："你还想怎么样啊?"她在自己的眼睛里看见了绝望。

那一天，看日剧《昼颜》的时候，她听见那句台词："你想要的是一个叫做妻子的人偶，美丽而顺从，让别人羡慕不已的人偶，平常束之高阁任她蒙尘，客人来了就打扮得漂漂亮亮的人偶。”她被这句话击中，哭得几乎不能自持。华轩却嘲笑她：“这种日剧就是骗你们这些弱智女人的，啧啧……”他不会走过来问她为什么会哭得这么伤心，她伤心或者快乐，根本就不是他关心的……

这些，能说吗？这些难道不是一个女人太闲了才生出来的事儿吗？说出来，也只是会换来别人的一句“作”“别闹”或者是“矫情”吧？

说不出来的苦，才是真苦。

对于男人来说，除了军国再无大事，或者说，赚钱养家已经尽到他的责任了。女人的那些小心思小感受，都是小事，小到可以忽略不计。

他们是外人眼里恩爱和谐的夫妻。只有她自己知道，她和华轩，通往彼此内心的那条路，早已杂草丛生，遍布尘网。

可是，感情的交流和心灵的贴近就这么重要吗？

可是，能为这个离婚吗？

墨菲知道不能做这样的选择。她拼命提醒自己——我是幸福的，如果我感受不到幸福，那是不对的。

大部分女人就是这样自我催眠成功的。她们慢慢认为，男人都是这样；慢慢告诉自己，做女人，就得知足。

日剧《昼颜》里，那些存在和感受都被丈夫漠视的女人，相继走上了出轨之路，这是对她们心里那些难以言说的委屈的一种宣泄，还是对那个拿他毫无办法的丈夫的一种微妙的报复？

墨菲知道她不会这样做。正如华轩是众人眼里的好男人一样，她也是众人眼里的好女人。她没有勇气颠覆众人眼中自己的那个形象。

她只是常常会在某一个时刻，毫无预兆地哭泣。

关于这样的眼泪，她告诉自己，因为我的心还不够麻木，心要冷一些，别想那么多。无求，无渴望，就可以将这样的日子过下去了。

大部分人的生活，不就是这样过下去的吗？那么，我也应该可以。

又一个雪天，墨菲站在窗前。她终于可以面对窗外漫天飞舞的雪花，压抑住自己的渴望，没有对坐在沙发上看电视的他说，“下雪了！我们出去走走好不好？”

那些隐秘的伤心、渴望、委屈，终于可以像这场雪一样，无声无息地来，又无声无息地消失，不留一丝痕迹。

2. 我已在慢慢练习，练习离开你

他，没什么大毛病，就是不尊重她，不在乎她。

具体表现在经常打击她，比如说她长得难看，说她笨，说她干什么都不行，以及经常把离婚挂在嘴上。如果她因为什么事和他产生争执，他就会说，“你别这么和我闹，再闹，有你后悔的一天”。言下之意，你再闹，就休了你。

甚至很多次，他当着孩子的面对她大发雷霆，将指头戳到她脸上，连孩子都看不下去了，说，“爸爸坏，爸爸欺负妈妈”。晚上睡觉时，孩子轻轻问她，“妈妈，你是不是怕爸爸”。作为母亲，竟然需要孩子为自己鸣不平，她心痛如绞。

她说她时刻处在痛苦、压抑以及随时有可能会失去这段婚姻的恐惧中，一点安全感都没有。也就是说，“在这段婚姻生活里，主动性都在他手里。他愿意，这段婚姻就可以存续；如果他不愿意，就随时可以将我抛弃——我痛恨这种感觉”。

她的恐惧，源于她的现实情况——孩子还小，收入比老公低许多。

可是，她真的讨厌这样处处被动的自己。在这段婚姻里，她只有听话的份，不能有自己的要求和声音，活得“像一条狗一样”。

她不想这样，她想慢慢战胜自己内心对离婚的恐惧。

以前，他出差半个月，从来不往家里打电话。为此她和他说过很多次，告诉他她会担心。他不耐烦，“我好着呢，你要操心就替自己操心吧”。她说自己感觉很孤单，他没好气，“你是小孩吗？难道我出差还得带着你”。

现在，她会想，“好的，你不在家，不给家里打电话，我就当自己已经离婚了，进入单身演练模式”。她一个人带孩子，一个人睡觉，一个人逛街，一个人去餐厅吃饭……突然发现这样的生活也没那么可怕。甚至，她还渐渐找到了单身生活的一些乐趣，比如可以在孩子睡着以后，尽情地看几集韩剧，跟着剧情哭或是笑，而不用像以前一样偷偷摸摸的，因为他会嘲讽她“脑残”“不学无术”。

另一方面，她更加努力地对待自己的工作，学习更多新的知识和技能，因为“如果将来离婚，工作才是养活孩子和自己的重要依靠”。她报了新东方的职场英语加强班，每个周末去上课，因此认识了很多上进而有趣的同学，和同学们一起编排英文短剧，在课堂上演出，生活一下子变得充实而快乐。

她也尝试着节俭一些，因为“要过和自己能力相匹配的生活，靠别人不如靠自己”。当内心充实之后，她对物质的要求似乎也没那么多。以前她买衣服，一定去品牌实体店，现在她更享受坐在电脑前，一家一家网店看过去，挑选适合自己的衣服，价廉物美。她渐渐有了属于自己的着装心得，衣服不在于品牌也不在于价钱，而是在于如何配搭，将十块钱的衣服，穿出一千块的效果——这让她很有成就感。

她联系那些结婚后疏远的朋友，相约聚一聚，喝喝咖啡、聊一聊心事，和朋友在一起的时间快乐而放松。

她一点一滴地重建生活、重塑自我、重拾自信。当她想象有一天要一个人承担起生活重担、为孩子撑起一个家的时候，她产生了从未有过的力量和勇气——这样的自己，让她喜欢。

她在慢慢练习，练习离开他，有意识地锻炼自己适应、驾驭一个人的生活——“我就当我已经离婚了”。慢慢地她发现，其实世界上没有谁离不开谁，也没有什么坎儿是迈不过去的。所谓恐惧，更多是自己吓自己。

她对离婚，没有那么害怕了。

于是，当他脱口而出说“离婚”的时候，她平静以对，“好啊”。

他慌了。他说：“我从未想过真的离婚，只是随口说说而已啊。我还真没想到你那么没主见的人，这次这么坚决。”

在一段婚姻关系中，看似掌握主动，一直在赢的人，到最后往往输得最彻底。那是因为，当他的所言所行，让她觉得他根本不珍惜她、他随时可能离开她的时候，她自然会启动应激模式，去练习没有他的生活。没有人会坐以待毙。

所以，如果你并不想真的失去你的伴侣和婚姻，就请你学会尊重、珍惜和善待对方，不要自以为她离不开你，就毫无顾忌地去无视和伤害。

3. 父亲能为孩子做的最好的事

上午的咖啡店。

坐在我斜对面的是一对外国夫妇。夫妻俩正在低声聊天，不知说到了什么，丈夫突然伸出手，拉过妻子的手，放在唇边吻起来。妻子笑着，脸上微红，眼睛闪亮。彼此沉浸在幸福中，旁若无人。

他们的小女儿，在咖啡店里四处走。走到我面前，她就站住了。我对她做鬼脸，她捂着脸害羞地笑，真是很可爱的。我拿起笔，在纸上画了一个中国古代的美人头给她看。她走过来，把小胳膊很亲昵、很信任地放在我的腿上，靠着我。我把笔递给她，让她也画。她在纸上胡乱画了一些线条。我问她："这是什么?"她说："是你!"我做出一副生气的样子，她更开心了。她是一个友善开朗有安全感的小孩子。

我的前面，也坐着一位女人，背对着我，正在打电话。接电话的人，显然是她的丈夫："你怎能这样？咱们之间再大的问题，也得面对面谈啊。逃避不是办法，拜托你回来，把事情说清楚。即便离婚，咱们也得见面解决吧？你一直躲着不见我，算怎么回事？孩子你也不管，有你这样做父亲的吗?"说到孩子，女人明显哽咽了。

她的孩子，一个小男孩，正坐在她的对面，抱着一杯冰淇淋，一下一下地用勺子挖着奶油，神情木然，好像眼前的世界都和他无关似的。母亲在他对面哽咽，他看了看母亲，把目光转到别处，神情还是木然的。我一直看着他，等他的目光和我相遇后，立即见缝插针地盛放一抹笑容给他。不知道为什么，我总觉得那样木然和冷漠的神情，不应该出现在一个孩子的脸上。他显然吃了一惊，看了看我，在座位上扭捏了几下，又把身子缩下去——他躲着我专门送给他的笑容，再也不肯和我目光相接。

这个小男孩，隔着那么远，我还是能感到他的内心世界的灰暗和胆怯。

一个小男孩和一个小女孩，差不多的年纪，但给人的感觉却不同，因为他们的母亲是不同的，一个沐浴在爱情中，一个独自承受丈夫的冷漠。

一位父亲为孩子做的最好的事，就是爱他们的母亲。因为生活在丈夫爱情中的女人，她的心是柔软的、舒畅的、温润的、安定的，她会宽容地对待身边的每个人，会创造出愉悦温馨的家庭氛围。一个家庭能拥有这样的女人，最直接、最大的受益人，就是孩子。

4. 会撒娇的女人背后都有疼爱她的男人

都说会撒娇的女人最好命，都说男人喜欢会撒娇的女人。

谁说不是呢？

但满大街的“女汉子”，如雨后春笋般越冒越多。

一群女友聚会，说说笑笑，不知不觉就晚了。朋友圈中有一位公认的会撒娇的女人，给老公打电话：“亲爱的，外面好黑哟，我害怕，你来接我嘛，好不好？”娇滴滴嗲兮兮，听得一众女友一起发出嘘声：“哎哟，还能再肉麻点吗？”没过多久，她老公接她来了，给她带来外套和围巾，并细心替她穿好围好。他一边做着这些一边爱怜地唠叨：“这么大的人了，一点都不知道照顾自己。今儿外面多大的风啊，回头冻感冒了怎么弄？我也总不能天天跟在你后头随叫随到……”女友听着老公的唠叨，身子像牛皮糖似的黏在老公身上，娇嗔：“讨厌，每天就知道唠叨我，人家怕黑嘛，你又不是不知道。”也是这次，我们听见她老公很自然地叫她“妞妞”。听得我们面面相觑，这都奔四了，还妞妞呢？

同样是女人，同样在这次聚会后，有位女朋友回家，车停地下车库，发现自家车位被别人的车占了。深夜时分，到哪里找车主去？没辙，只能打电话向老公求助。谁知道老公不但不肯来帮忙，还劈头盖脸一通指责，“谁让你这么晚回来的？你还让不让人休息？我明天还要上班呢，你自己想办法吧”。于是这位女友勇敢地将车倒出车库，绕着自家小区四处寻找空车位把车停妥，再独自穿过没有路灯的胡同回家。我问她：“你知道这多危险吗？”她说：“我当然知道危险，那又怎么办？没有可以依靠的男人，只能把自己逼成男人。”

所谓“女汉子”，就是这么来的吧？

如果有疼爱自己的男人，撒娇，谁不会呢？

通常男人抱怨女人的“罪状”是，没有女人味儿。所谓女人味儿，最显著的表现是会撒娇，可是面对一个不疼爱不珍惜自己的男人，女人的娇如何撒起？

想起大学时的一位女同学，父亲早逝，作为家中的长女，她早早和母亲共同承担起照顾家庭和抚养弟妹的重任，也因此养成坚忍、泼辣的性格，举手投足间都是一副风风火火的“大姐大”风范。记得班里集体演出话剧，让她扮演一个只有一句“不嘛，我不嘛”台词的撒娇的女人。就这么一句台词，真是要了她的命。晚上寝室其他人都睡觉了，她还偷偷躲到厕所里练。排练的时候，她一说出台词，搭戏的同学总是无法自控地笑场，次次如此。因为那情形，就像让李逵扮演林黛玉，实在太出戏了。最后她撂挑子不干了：“让我上刀山下火海都难不倒我，但是让我撒娇，还不如杀了我。”

不料毕业之后，该女生是班里第一位结婚生子的同学，听说生活很幸福。毕业十年聚会，她带来老公和孩子。老公是憨厚木讷的男人，护花使者一样默默地坐在她身边，一次次为她的杯子里续饮料。全班三十四位同学，变化最大的是她，风风火火的样子完全不见了，取代的是温婉舒缓的言行举止，时不时扭过头照顾坐在她老公腿上的孩子，温柔地问："宝宝，这个吃不吃呀？宝宝，喝不喝水呀？"

同学聚会免不了的一个环节，就是介绍各自的婚恋故事。轮到她老公时，他站起来，结结巴巴地说："我吧，就是吧——知道她童年生活太苦，心疼她，所以吧——当年我追她，就是对她说一句'跟着我，以后再也不会让你吃一点儿苦'。"她白了他一眼，嘟起嘴佯怒："瞧你那傻样儿，不许说，不许说……"天哪，我们都看见了，是嘟起嘴说的！

热闹喧哗的餐桌蓦然沉寂，那一瞬间，我们都想起当年的她，想起她的那句"让我上刀山下火海都难不倒我，但是让我撒娇，还不如杀了我吧"。是的，时间能改变一个人，但真正让人改变的，是岁月流年中，那个和我们朝夕相处的人。

每个女人都有撒娇的禀赋，但并不是每个女人都能遇到疼爱她的男人。

一个女人，只有在疼爱她的男人面前，才会丢弃掉所有的盔甲和防御设备，不再逞强，自然呈现出小女人爱撒娇的一面。

所以，如果你的女人从未对你撒过娇，或许你需要扪心自问，你让她有撒娇的机会和心情了吗？

第七章

“圣母”和“巨婴”的绝配

男人内心真正渴望的是来自妻子的爱慕和欣赏，是需要一个女人把他当做真正男人一样对待，这样会让他获得存在感和价值感，从而拥有属于男人的自信和力量。如果你给他这些，他会毫不留恋地挣脱对妈妈的依恋，转而和妻子建立起亲密而健康的关系。

1. 别用你的完美绑架我

明城向智英提出离婚了。这个消息在认识他们的人当中掀起不小的波澜。波澜的核心，是明城而不是智英提出离婚——这太出人意料了。

一

在外人看来，智英堪称是完美的妻子。她的丈夫明城，则是不折不扣的浪子。

当年，智英嫁给明城的时候，明城基本上一无所有，整天泡在网吧里上网，没有钱没有房子没有工作，还有年老体弱需要照顾的父母。这个家庭，自从智英嫁过来后，才开始有起色。

智英拿出自己的积蓄开了一家电脑维修服务中心，让明城的电脑特长有了用武之地。他性格内向，不喜欢与人打交道。智英说，“你只管修电脑，其他的都交给我”。电脑维修行业现在竞争也挺激烈的，开始智英家的电脑维修服务中心生意并不好，但是智英想出好多招揽顾客的小点子，比如上门服务且免收上门费，保证 24 小时之内修好、逾期免收维修费，三个月之内再出故障免费修理……其中最给力的就是保证 24 小时之内修好这一项。其实其他的电脑维修中心，24 小时之内基本都能完成维修，但只有智英将这一点特意拎出来说，就给顾客一种感觉，似乎这家店工作效率特别高。不出三月，智英家的电脑维修服务中心就在这条街上打响了名头，顾客盈门。智英得意洋洋地对明城说："怎么样？听我的没错吧？"

智英不但做生意有一套，心眼儿也好，左邻右舍亲戚朋友有什么难处，她都是能帮就帮。比如谁家老人儿女不在身边，她做了好吃的总会端一碗送过去；谁家经济上有困难，她总是明里暗里地接济……外人看见明城，都要提起智英："你媳妇真是好得没话说，你这是哪辈子修来的福分啊。"

对左邻右舍亲戚朋友尚且如此，对待明城的父母，智英更是好得没话说。公公婆婆和他们住在一起，从没红过脸。有一次婆婆住院，大便困难，智英就用手抠，眉头都没皱一下。老两口多次对儿子说："你对我们不好行，但你要是对媳妇不好，我们可不答应！"

婚后三年，电脑维修服务中心的生意一直很好，他们买了房子车子，还生了儿子，日子过得让人眼红。别人对明诚说"你家亏得娶了一个好媳妇"，更有甚者会直接说，"你要是没遇见智英，现在还不知在哪里鬼混呢"。

这样的话听多了，明城心里渐渐感到不是滋味儿了。"怎么功劳全是她的？我要是没有过硬的电脑维修技术，服务中心的业务能有这么红火？家里能这么快脱贫致富？怎么在别人眼里，我似乎成了'靠老婆''离开老婆就不行'的男人了？"

最重要的是，他总有一口气堵在心里出不来的感觉。智英处处表现得如此完美，他想挑个毛病也挑不出来。如果硬要说一条，就是他和智英在一起生活，心里不敞亮。可是，这算理由吗？要是说给别人听，别人准说，“你小子别身在福中不知福”。所以，他没处说，只能憋在心里。

明城渐渐觉得日子过得太没劲了。无论他做什么，做得多么好，都不会有人看见；无论他有什么想法、意见，也都没人重视，因为大家都会说，“你就听智英的吧，准没错”。智英似乎很享受这种感觉，每次明城坚持自己的观点，最后证明是错误的时候，她就会得意地说，“我说你不听，看看结果……”有时候明城会恶作剧似的产生逆反心理，比如晚上故意出去喝酒，喝到凌晨才回来。每当这时候，智英还是一副“完美妻子”的做派，不和他吵不和他闹，还为他端上醒酒的茶水，让他愈发的焦躁，第二天会更晚才回家，心想，“你不是不吵不闹善于忍耐嘛，行，我倒要看看你能忍耐到什么时候?!”不过这样的时候，往往不需要智英出头，父母便不干了，找到他喝酒的地方，把桌子掀了。

明城觉得自己就像被一条绳子绑住动弹不得。这条绳子就是智英的完美，不动声色地控制住他，他还不能挣脱。如果他试图挣脱，所有人都会批判他，“你多幸福啊，还闹腾个啥”。

明城觉得自己快疯了。

直到娟子出现。

二

娟子是明城家的保姆，二十出头，不漂亮不能干，和智英比起来，真是一个天上一个地下。所以，当明城提出和智英离婚娶娟子的时候，所有人都惊呆了。

先是父母不干，以断绝关系相要挟，再就是各路亲朋好友轮番劝说。说来说去就是一句话，“你别作死啊，你再这么作，有你后悔的一天”。明城吃了秤砣铁了心，横竖就是一句，“人就这么一辈子，我想过几天心里头敞亮的日子”。谁劝也没用。

智英面对这样的变故，诧异多过伤心。她怎么也想不明白，自己作为妻子，无论从哪方面来说都是无可挑剔，明城还有什么不满意的？除非他是鬼迷心窍。她想，也罢，不让他撞回南墙他是不会死心的。等着吧，离婚后，总有一天他会回来求我的。

所有人都在等着看笑话，看明城和娟子能把日子过成什么样。

离婚之后的明城，将那家电脑维修服务中心留给智英，自己找份网管的工作。为了能多挣点钱，他主动提出上夜班，每天晚上八点一直工作到第二天早上八点。每个早晨，明城骑着自行车满脸疲态地回家时，认识他的人看见总要感叹，“这是何苦哟，原本好好的小老板不做，受这罪”。可是明城却不觉得自己在受罪，他现在更多的是感觉到责任，家里上有老下有小，都指望他呢。有几天他发烧，躺在床上起不来，娟子吓哭了，抱着他说，“你一定要好起来啊，不然我该怎么办”。明城躺在床上，心里美滋滋的，他第一次体验到被需要被依赖的感觉，病似乎一下子好了一半。

现在的明城浑身充满干劲儿，天天上夜班，额外还帮老板招呼生意。网吧老板赏识他，提拔他当经理，工资自然提高了一大截。家里经济宽裕了，娟子提出每个周末带明城和智英生的儿子出去逛动物园、吃必胜客。旁人看见娟子拉着儿子的手都说，“这么亲热，哪像是后妈呀”。娟子大大方方回应，“都是他爸掏钱呀，我不过是做个顺水人情”。明城听见这话，腰杆不由自主地直了些。

他们也吵架，通常都是鸡毛蒜皮的小事。娟子生气、哭闹，明城就得哄她，买些小礼物逗她开心。看着娟子那张伤心的脸重新绽开笑容，他似乎很享受这个过程。有时候，明城也和娟子生气。他生气的时候不说话，娟子直脾气，急得抓耳挠腮，明城觉得很有趣。

原先那潭死水的日子，现在似乎被投进了几尾鱼，变得鲜活起来。这让明城的状态都发生了改变——以前他和父母几乎不说话，现在每天下班之后，会陪父母一起吃早饭，嘘寒问暖，还抱着儿子玩一会儿，再和娟子商量家里的事儿——比如天热了该给家里添置空调，给孩子注射流感疫苗之类，然后才去睡觉。时间久了，就连老父母也恍惚起来，“儿子真的懂事了，知道疼人了，眼里心里都有这个家了”。他们慢慢也接受了这个当初不听话、一意孤行要离婚的儿子。

明城和娟子，没让外人看笑话。他们的生活，虽说没有以前那么富足，但是家里却透着一股子热乎气儿。老人舒心，孩子快乐。尤其明城，以前成天阴着一张脸，难得笑一次，回到家里更是没话。现在，他的性格似乎变得比以前开朗许多，还喜欢约朋友来家里喝酒聊天。朋友都说，“行啊，明城，看来我们的担心是多余的，你还真的把这个家撑起来了”。娟子在一旁帮腔，“是啊，我们这个家，就靠他呢”。明城笑得愈发开心了。

三

智英一直暗暗等着有一天明城来找她，请求她的原谅并复婚。可是她等到的，却是明城和娟子过得很幸福的消息。

她想不通，一个保姆，怎么会比她强?

娟子没有智英能干也没有她聪明，但娟子做得最好的一点是，她让明城感觉到自己的重要性，让他得到了肯定和认可，也重新获得了活力。打个比方来说，明城是一个巴掌，那么智英就是一块棉花，让明城总有一种有力无处使、温水煮青蛙慢慢耗死还无从反抗的感觉；娟子也是一只巴掌，两只巴掌拍在一起，有疼痛，但也发出有生命力的响声，让他感到自己真实、有力的存在。

想赢得一个人的爱，不是让自己好得无可挑剔，让对方活在你的光芒之下，整个人都被屏蔽，让所有人都感觉如果他离开你、背叛你，简直就太不是个东西了——这和绑架有什么区别?

好婚姻，要激发出两个人的热情和主动性，都能获得参与感和价值感，而不是一方在发光发热，另一方日渐萎缩。

只是到最后，智英也没有明白这个道理。

2. 你没有你想象的那么高尚

一个女人，托朋友找到我，仅仅是为了和我聊聊她的婚姻，因为“就是想听听卡玛怎么说”。这也太抬举我了。

其实没什么大事情，没有“小三”，没有“二奶”，甚至没有婆媳之间的矛盾，照这个女人说，问题只是出在“他不知好歹”上面。

她说她非常爱她的老公，总是担心失去他。因为爱，所以担心；因为担心，所以就不免唠叨、着急、显得无趣……她担心老公的健康，严格控制老公的饮食，偏偏老公是肉食主义者，每天对着一大桌子粗粮和蔬菜，难以下咽；她担心老公的安全，将老公回家的时间限制在每晚九点之前。有时候老公和同事朋友聚会，一旦超过九点，她就几分钟打一次电话催，“现在到哪儿了？还有多长时间能到家”。她担心老公交了坏朋友，不允许老公和她认为品行不端的人交往……时间长了，老公受不了了，死活要离婚，谁劝都不行，横竖就是一句“我知道你对我好，但是，和你在一起，我生不如死”。

女人一脸无辜和迷茫：“别人离婚，都是因为感情不和、性格不合，可是我离婚，却是我对他太好了。这让我怎么相信?"

"就是想听听卡玛怎么说。"

卡玛是这么说的——

首先，你老公是成年人，他知道自己该怎么做，应该为自己所做的承担责任，他的人生最终还是他自己负责。这是人与人之间最起码的尊重和信任。你作为妻子，只能在一旁提醒、建议、引导，并且只能偶尔为之，不能粗暴干涉、反复唠叨。比如，他爱吃肉，会影响健康，但你也只能提醒他，最多是想办法把蔬菜做得好吃一点，而不能不允许他吃肉。

其次，你的担心、唠叨、干涉，向你老公传递的信息是——你是我的男人，你的人生被我接管了，你根本无法为你的人生负责；你是不成熟没长大的男人，我对你不放心，我不相信你会处理好自己的事情，你的人生听我的才能好，我对你这么好你别不知好歹……时间长了，要么男人在这份爱里日渐枯萎、窒息，要么奋起反抗。

最后，不要把自己置于"无辜者""付出者""怨妇""无私的妻子"之类悲情角色里。你问问自己真的是爱他吗?你不过是害怕承担失去他的痛苦；害怕他失去健康，让家庭生活受到影响；害怕他受朋友的引诱，做你不希望他做的事情，让你逐渐失去对他的控制力和影响力……你爱他吗?你真正爱的人是自己。你因为爱自己，而剥夺了他生活中这么多的快乐，还要求他对你感恩戴德?你远没有你想象的那么高尚。

当然，他酷爱肉食有可能影响到健康，晚归会有可能遭遇危险，交了坏朋友可能会学坏……这一切，都是有可能发生的。但人生就是这样，没有人可以帮助谁完全杜绝所有风险。

如果你老公因此遭受风险，那是他必须承受的，也是你必须承受的。

夫妻之间真正的爱，应该是什么样子呢？我知道如果你有什么不测，我要和你共同承担结果，我的生活会受到很大影响；我知道如果失去你，我会痛苦，但尽管如此，我也要放手让你做真正的自己。你娶了我，并不仅是找一个人共度平淡安逸的人生，而是找一个伴侣共同面对曲折艰辛的生活。

因为爱你，所以放手让你去经历属于你的一切，而不是将你的一切都控制在手里。

因为零风险的人生，是多么乏味和失败的人生啊！

3. “妈宝男”的软肋

“妈宝男”，顾名思义就是什么都听妈妈的，什么都靠“妈妈说”的男人，亦指那些被妈妈宠坏了的男人。

这是百度百科里对“妈宝男”的解释。

画眉看见这一段介绍后，心想，这说的不就是我家崔西宁吗？

在画眉眼里，老公西宁是个不折不扣的“妈宝男”。

别的不说，单说每天下班回家，要是别的男人，肯定是先问孩子，要不就是问老婆，西宁进门却问“我妈呢”。

这时他妈妈准会端着一碗温度合适的糖水出来，一边将勺子递到他手里一边嗔笑，“都多大啦？一下班还找妈”，可脸上分明是很受用的样子。

画眉每每看到这幅场景心里就不舒服。尤其是晚饭后母子俩靠在沙发上有一搭无一搭的聊天。画眉坐在一旁，能感觉到他们之间那种自然、放松、水乳交融的气场，外人简直插不进去。其实她也不算外人，只是西宁和他妈亲近得让她感觉自己是外人。

很多时候，她也难免会对此有怨气，说些刻薄话。比如，

“你和你妈这么亲近，还找老婆干啥呀”“我看你干脆和你妈住一屋得了，反正你在家大部分时间都待在你妈房间里”……

画眉也知道，这些话会影响她和西宁的感情，但她总是控制不住自己。她想，“嫁给这个‘妈宝男’，我就够倒霉的了，还不让我吐吐槽呀?”

直到她换了工作。

她在一家IT公司做人力资源工作，具体负责员工招聘。IT这一行对于画眉来说是陌生领域，却是西宁的老本行——他在一家IT公司做了10年软件工程师。画眉开始对自己能不能胜任还真没底，尽管不情愿，她也不得不拿出求教的姿态，“你说我能行吗？我有点担心”。她这副样子倒让西宁很意外，因为画眉在他面前一向是强势而骄傲的。他鼓励她，“有什么不行？我都在这行业做10年了，你有什么不懂的，问我不就得了”。他这么一说，画眉安心许多。西宁第一次体验到被老婆求助、需要的感觉，心里美滋滋的。

之后，画眉和西宁的交流多起来，当然大部分都是画眉向西宁请教。比如招聘软件设计师，应该看重的是这个人的哪些职业素养，哪个学校培养的IT人才素质比较高，想挽留一位提出辞职的技术骨干，给出什么样的条件最有诱惑力……

还别说，西宁提出的建议，屡屡证明是正确的。原先画眉一直不把西宁放在眼里——一个三十好几还黏着妈妈的男人能有多大出息？现在她对西宁有些刮目相看了，偶尔也会由衷地夸一句，“你行啊，老公”。

“你行啊，老公”，这句话对于画眉也许只是随口一说，但她不知道这句话在西宁心里引起什么样的震动。一直以来，西宁都知道画眉对他不满，讨厌他老大不小了还黏着妈妈，嫌弃他没有那种顶天立地的男子气概。沉稳干练、为妻儿撑起一片天的形象，哪个男人不想呢？西宁也想，不过每次面对画眉时，看见她眼里流露出来的不满、不屑和厌恶，他就胆怯了。他觉得还是和妈妈在一起舒服，毕竟妈妈是这个世界上还把他当做小孩子一样全然接纳的人。来自画眉的肯定和赞美，让他找到了做男人的感觉。这种感觉，是他从妈妈那里得不到的。

"你行啊，老公"，被画眉夸过几次之后，西宁像换了个人似的。每天下班进门不再找妈了，而是问画眉，"今天怎么样？工作还顺利吗？"画眉也会将自己在工作中遇到的问题和烦恼说出来，西宁总是乐于帮助她分析、提建议、做排解。这时候，画眉看着面前侃侃而谈自信笃定的男人，总会有些恍惚，这是自己一直看不上的西宁吗？看起来还是挺有魅力的嘛！

不知谁说过，男人肩膀的硬度，都是女人靠出来的。你不去靠，时间久了，他的肩膀就硬不起来。慢慢的，画眉不仅在工作上依赖西宁，生活上的事情也离不开他了。比如，笔记本电脑坏了，她会对西宁说，"老公你帮我修修"。而以前，她宁可花钱找人修，也不愿对西宁张口。有时候她也会对西宁撒娇，"老公，要是没有你，我可怎么办啊""老公，这件事情我不知道怎么处理，你帮我想想办法嘛"。

这些话进入西宁的耳朵里，怎么那么受用呢！

画眉的依赖和信任，让西宁的内心舒坦又舒展，言谈举止之间，越来越有男人气概。他的改变，让画眉重新看待这个男人，越看越觉得可爱。结婚八年了，他们竟然找回了热恋的感觉。只要两个人在家，一定是房门一关，在一块叽叽咕咕黏黏糊糊。

有时候画眉也有些迷惑，“我不就是夸了他两句嘛，怎么这个“妈宝男”就发生这么大的变化了呢?”

是的，除了依赖、肯定和赞美，画眉并没有做更多，但这些，恰恰是“妈宝男”的软肋——他们在妈妈那里像没长大的小男孩一样得到照顾和宠爱。但作为男人，他们内心真正渴望的是妻子的爱慕和欣赏，是需要一个女人把他当做真正男人一样对待，这会让他获得存在感和价值感，从而拥有属于男人的自信和力量。如果你给予他这些，他会毫不留恋地放弃对妈妈的依恋，转而和妻子建立起亲密而健康的关系。

和婆婆微妙的角力中，其实妻子开始就是赢家。因为你那里有一个男人最需要的东西。只不过很多时候，你不知或者吝于给予。

第八章

最大的孝是过好自己的日子

再亲的人之间，也应该设置边界。

1. 你的孝心，不能勉强他（她）来成全

结婚五年了，现在苏唱常常觉得婚姻生活到了没有办法继续下去的地步。

其实她和丈夫主要的矛盾，是她总觉得丈夫对她父母不好，和她父母不亲。

比如让她最不满的是，丈夫每天下班回家，就往沙发上一躺，看电视或者玩手机，不和她爸妈聊天。

比如苏唱的母亲爱干净，每次洗完澡都习惯将换下来的内衣内裤洗净，所以她看不惯丈夫每次洗完澡将内衣内裤团成一团扔到洗衣桶里。“这都是贴身穿的衣物，洗衣桶里多脏呀，捎带手揉两把晾出来多好!”她唠叨好多次，丈夫只当耳旁风。老太太不高兴了，苏唱也不高兴，“又不是多难的事儿，你听她的不就得了嘛”。

诸如此类。

父母只有苏唱一个女儿，这么多年，他们所有的爱、金钱、精力和关注都集中在她身上，她也一直努力按照父母的期望生活、学习和工作，从未让父母失望，唯独婚姻让父母伤心、无奈，让她觉得自己太不孝了，甚至觉得自己一生已经失

败一半了。

她最难过的是，她要求义夫做的，都是一些很容易做到的事儿，比如下班回到家，和她父母寒暄几句聊会儿天，洗完澡顺手将换下来的内衣内裤洗了……但就是这些举手之劳的小事儿，他都不愿意看在自己的面子上去做，“他到底有多爱我呢？我还能说他爱我吗？”

可是义夫有自己的理由——每天在单位里必须不停地说，和各种不同的人沟通，回到家里只想一个人静静待会儿，一句话都不想说。或者，这是我的家，我想干吗就干吗，换下来的衣服我想什么时候洗就什么时候洗，这有什么不可以呢？

苏唱夹在两方之间，里外不是人，两边都不落好。父母觉得她老实、懦弱、傻乎乎，管不了自己的老公；老公觉得她没主见，什么都听父母的，和父母形成统一战线，让他在家里感觉自己是外人……父母这么多年为我为这个家庭出钱出力付出这么多，我却不能让他们有个舒心的晚年，我太不孝了。可是我对老公没有影响力，他不听我的，我也没办法啊……她为此感到无奈、无助，又恨自己无能，长时间的心力交瘁，让她都快抑郁了。

最近家里发生的一件事，将矛盾激化了。

苏唱的儿子五岁了，一直都是苏唱父母带。最近天气转暖，苏唱的母亲每天都会带着外孙出去溜达。下楼的时候，她担心电梯的按键脏，就要求外孙把手蜷起来，用指关节摁电梯键。“这上面有多少细菌啊，你的手一会儿喝水一会儿拿零食，不能碰这个按键”。外孙也按照着姥姥的要求做了。

可是有一次义夫带儿子下楼时，发现儿子竟然用这种方式摁楼梯键，大惊。他说：“手脏了可以洗，但是教孩子用这种方法摁电梯，别人还以为他是残障呢，其他的小朋友看见了会笑话他的！”他坚决不允许儿子这样摁电梯键。

义夫和母亲谁也不让谁，夹在中间的儿子倒也聪明，他对苏唱说：“妈妈，我有办法，我和爸爸乘电梯的时候，就用手摁；和姥姥乘电梯的时候，就把手蜷起来，用关节去摁。”儿子小小年纪，不得不在大人之间周旋，苏唱难过极了，暗自决定不能让自己经受的困扰，让这么小的儿子也经受。

她决定不能这样下去了。

她先和义夫谈：“你能不能看在我的面子上，尽量和我爸妈达成共识，让他们过得舒心一点？”义夫说：“凭什么啊？他们是你的父母不是我的父母。你让我做到像你一样，我做不到，当然我可以看在你的面子装一装。但装一天行，装十天半月也行，成年累月这么装，我还活不活啊？其他事情可以迁就，但孩子的教育绝对不能迁就。我不能为了迁就他们，把孩子给毁了。”

她去和父母谈：“爸妈，教育孩子的事情，交给我们吧。你们年纪大了，平时照顾孩子的生活起居就够累的了……”话还没说完，母亲的眼泪就掉下来了：“你这是怪我们不会教孩子，没把孩子教育好。”谈话没办法进行下去了。

在这个过程里，苏唱渐渐意识到自己的问题，总想让老公配合自己，看在自己的面子上，和自己一样孝顺父母，让父母过一个舒适、开心的晚年。但老公只是他们的女婿，他无法像她这样，也达不到她父母眼中“好女婿”的要求。她夹在两方之间，总想两边讨好，两边都不得罪，一家人和和美美皆大欢喜。结果呢，自己受委屈，两边还对自己不满意，也连累孩子遭殃。

而她，除了是女儿是妻子，还有一个更重要的角色——家庭的女主人——家庭的核心。如果她拿不定主意，这个家必将永远这样下去。

苏唱做了一个决定，她要和父母分开住。她可以不要求义夫和她一样孝顺她的父母，但会要求他承担起照顾家庭、养育孩子的责任。

当然，她知道现在和父母谈分开住的事情，会让父母伤心。父母对此也许会理解成，“孩子帮你们带大了，用不着我们了，就把我们甩了”“是嫌弃我们教育不好孩子吧”……

仅仅想象一下父母的心理，苏唱就心痛难当，但是这次她决定坚持到底。为了父母拥有一个快乐舒心的晚年，就得狠下心。一时的伤心，总好过一直的伤心。重要的是，要给自己的家、给孩子创造一个和谐的氛围。

父母搬出去了，好在离苏唱家不远。苏唱每天下班后，都会先拐到父母那边，陪父母聊会儿天，看看他们有什么需要帮忙的。当然，接孩子、陪孩子做作业的事儿，就落在义夫的身上。开始义夫也有些不满，但苏唱态度强硬，“我父母住在这里，你诸多不适应，又嫌弃他们教育孩子的方式不好。现在他们搬走了，我作为女儿，当然要去陪伴、照顾他们，孩子自然要由你看管。你不能又想享受有人帮你照顾孩子的便利，又不愿包容长辈的约束、唠叨”。

义夫想想也是这么回事，没辙，妥协。

今年夏天，苏唱还特意请年假开车带着父母去草原自驾游，历时 15 天，经过辽宁、内蒙古、黑龙江、吉林四省，逛了许多景点，品尝了许多美食，一路欢声笑语……在苏唱看来，这是自从她结婚以来，父母过得最开心的一段时光。看着父母发自内心的笑容，苏唱很欣慰。

至于这个假期，照顾孩子的事儿家里的事儿，当然交给义夫了。

有意思的是，这么一来，义夫体会到带孩子的不容易，反倒能感念起苏唱父母曾经对他们的付出。又加上十天半月才见一次面，见面时不用苏唱要求，他自动自发地扮演“贴心女婿”角色，和岳父岳母聊天、逗贫，让苏唱父母心里舒坦多了。

前几天，父亲过 70 岁大寿，一家人聚餐，父亲特地举起酒杯对义夫说：“我这个女婿，很孝顺，这么多年，辛苦你了！”父亲这番话让苏唱百感交集。结婚这么多年，她心里一直有个结，自己的婚姻，让父母失望、伤心、不如意。今天，从父亲口中听到他对这个女婿的认可，苏唱几乎要流泪了。

是的，她的父母就是她的父母，她无法要求义夫和她一样孝顺、迁就、取悦她的父母，他也做不到。如果硬将他们捏到一块，结果会适得其反，大家心里都很别扭。那么，大家就做到以礼相待，相安无事吧。

苏唱想，至于这份孝心，由自己来成全，不会勉强你；而你，尽到一个丈夫、父亲的责任和义务就好。

2. 亲人虽亲，但要有间

这事儿是一位老太太讲给我的。

他们单位以前有个同事，儿子结婚了，她每天还去给儿子整理房间。连床头的避孕套，她都给整理好，放进抽屉里。后来，媳妇恼了。

中国的父母，有一点做得特别不好，就是在孩子成人之后，和孩子之间的切割问题——再亲的人之间，也应该建立边界。

有些父母总爱为自己的行为找借口："别看孩子这么大了，离了我不行啊！"仔细想一想，是孩子离了你不行，还是你离了孩子不行？

其实许多家庭矛盾，都是因为这种切割问题做得不好造成的。比如有的母亲看见儿子给媳妇捶背，就觉得很不爽。反问，你管这么多干吗呢？在你眼里是儿子受累，没准儿子还很享受呢！这叫生活情趣，懂不？换句话说，哪怕你儿子给媳妇当牛做马，只要是他心甘情愿，你就管不着！

再比如，有的妈妈看见女儿三十好几还没嫁人，急得逢人就托，逢男就扑，好像女儿是盒快要过期的牛奶，再不出手就没人要了，最后闹得母女反目。是的，没有嫁人，也许会孤独，也许会被人议论，但那是她的选择。即便你是她的妈妈，也没有办法避免、替代她经历这一切。更何况，她的生活也未必就像你想象的那么凄惨，没准儿自得其乐呢！

出现这种情况，我认为许多人一旦为人父母之后，就失去了自我，整个生活都围绕着孩子转。一旦孩子长大，需要建立自己的生活圈，父母就开始抓耳挠腮没着没落，总想方设法要到孩子的身边插上一脚。

龙应台的名言，送给这些吃力不讨好的父母——

“所谓父母子女一场，只不过是意味着，你和他的缘分就是今生今世不断地目送他的背影渐行渐远。你站在小路的这一端，看着他逐渐消失在小路转弯的地方，而且，他用背影默默地告诉你，不必追。”

3. 将婆婆送走

10月，雅晴生下女儿，种种意想不到的忙乱冲淡了她和丈夫华强初为人母人父的喜悦。原本他们说好自己带孩子的，但是在女儿夜夜哭闹、隔三差五出现发烧、便秘、吐奶等小状况之后，华强终于扛不住了，说："还是把我妈叫过来吧。"雅晴想了想，虽说心里有点不太情愿，但最终还是"婆婆养育孩子比我们有经验"的念头占了上风。

婆婆来了，首先松一口气的人是华强，他再也不用半夜爬起来给孩子冲奶粉了，更不用天不亮就起床，为孩子煮奶瓶、洗尿布了。母亲接手了他所有的工作，还总是心疼儿子："你上班多累呀，回家还不好好歇着？"

雅晴也轻松了不少，心里也踏实了。以前孩子稍有状况她就担心得不得了，现在婆婆一看，说一声"不碍事，小孩子都这样"，她就像吃了一颗定心丸一样。

只是时间久了，渐渐有一些不和谐的因素在雅晴眼里心里滋生。但是这些琐事在华强看来，都成了"你就是事儿多"。

让雅晴觉得不快的是，华强现在似乎已经忘记他已为人父为人夫，又回到单身汉那般轻松自在的状态，因为婆婆不舍得让他做任何事情。比如，华强下班回家，雅晴刚把女儿放到他手上："一天不见，和女儿亲热会儿。"婆婆立即接过去："得了，累了一天了，歇着去吧，我来。"比如，早晨雅晴让华强给女儿把尿，婆婆也觉得不顺眼："哎哟，他笨手笨脚的，哪儿会这个？还是我来吧。"华强也乐得清净，下班回家来，往沙发上一躺看电视，一直看到晚饭摆上桌。吃完饭，碗一推，继续看电视，或者出门约几个朋友去酒吧喝酒、侃大山。雅晴有时候表达不满，他振振有词："这不有我妈帮着你嘛，我在家也没用，添乱！妈，你说是不？"婆婆也在一旁帮腔："让他去吧，出去放松一下，在家待着也帮不上忙。"雅晴看着母子俩一唱一和的，尤其是华强，竟然还有点儿跟母亲撒娇的意思。雅晴有些恼怒，"我想要的是一个顶天立地能和我一起撑起一个家的男人，而不是三十好几还跟妈妈撒娇的男孩子！"

最让雅晴难受的是那次女儿深夜得了肺炎，发高烧，华强和婆婆陪她送女儿去医院。等就诊的时候，婆婆对华强说："你回去吧，睡个回笼觉，要不上一天班哪能撑得下来？这里有我们就够了。"雅晴多么希望华强不同意啊，可是华强却说："也行，我先回去，你们有什么事儿给我打电话！"雅晴真是失望极了，看着身边的那些病孩子，都是爸爸妈妈陪着，而自己的女儿还在发高烧，且不知病情究竟是什么状况，她是多么希望老公能陪在她们母女俩身边，给予她一些支撑，给予女儿一些抚慰啊。那天雅晴和女儿在医院待了一天，女儿哭，她也哭。她突然有些自怜，觉得自己是那么孤单、无助。

那天从医院回到家里，雅晴满腹怨气，径自抱着女儿走进卧室，把门插上。这要是在以前，华强必定会站在门外道歉、哀求、讨好，总能将雅晴哄得转怒为喜。今天，雅晴也竖着耳朵等待着，可是华强只是敲了敲门，见没动静，就说：“你再不开门，我去我妈那屋睡了啊！”也许因为婆婆在，他不好意思求她，也许他可以去婆婆屋里睡，不用求她……那天夜里，雅晴辗转难眠，反复地想，究竟是从什么时候，她和华强之间似乎已经有了一些陌生和隔膜了。他们没有像别的父母那样，一起分享孩子成长中的点滴，共担养育孩子的艰辛、焦虑和担忧。从什么时候起，他们之间已经没有了心动和惦记，没有了情感的沟通和交流……

女儿过周岁生日那天，华强抱着女儿说：“这小东西，一眨眼就这么大了！”雅晴心想，对你来说当然是“一眨眼”了，因为你根本就没有参与到养育孩子的过程中，你把自己应该做的事情都交给你妈做了。当这种“甩手爸爸”的直接后果，就是女儿和华强之间，完全没有父女之间的亲近和依恋，和女儿最亲近的人是妈妈和奶奶，至于这个爸爸，在不在都关系不大。华强对女儿似乎也没那么多牵肠挂肚的惦念。上次他参加公司组织的旅游，一走两天，居然连电话都没打。雅晴问他：“你就不想女儿吗？”他说：“孩子由你和我妈带着，我有什么不放心的？”

真正触动雅晴内心的是，有一次她弟弟来家里做客，弟弟很喜欢小孩，整个下午就陪着女儿玩耍，结果到了晚上弟弟要走的时候，女儿紧紧搂住舅舅的脖子大哭，说什么也不让舅舅走。雅晴看罢心里酸楚，孩子实在是太缺少父爱与陪伴了！

婆婆确实帮了他们很多忙，他们因为有帮手而轻松许多，但副作用也是显而易见的。华强因为生活在母亲的宠爱和照顾中，没有机会成为有担当的丈夫和父亲；雅晴和华强之间，因为缺乏共同养育女儿的经历，失去增进夫妻感情的最好契机；最重要的是，在女儿的世界里，父亲这个角色是可有可无的，这不但不利于华强和女儿建立起亲密的父女之情，更不利于女儿健康性格和心理的养成……得多还是失多，是利大还是弊大，答案显而易见。

女儿过完两岁生日后，雅晴和华强商量，决定将婆婆送走。他们决定过真正三口之家的生活，体验一下为人父母的艰辛和幸福，共同承担建设小家庭的责任。

婆婆走了，他们一定会受累更多，但是，这不是为人父母者应该承担的责任应该体验的经历吗？在共同的参与和付出中，雅晴和华强的关系，华强和女儿的关系，一家三口的关系，会更加亲密。这才是最珍贵的。

4. 下跪的婆婆

至少不下三次，有男人向我诉说老婆的不是和婚姻的烦恼，“我妈都给她下跪了，她还是那样”“看到我妈跪在她面前，我的心都碎了，觉得自己真不是个男人”“我恨我自己，都是我无能，才连累我妈那样……”

婆婆给儿媳妇下跪，想必肯定遇到了难以调和的矛盾，走到了无可奈何的绝境，否则，一个长辈怎么会给晚辈下跪呢？

事实上，如果仔细了解，会发现其实也没有多大的矛盾，更没有到绝境那一步。事实上，是婆婆以表面软弱实为阴毒的行为，来攻击儿媳妇，这样一来，儿媳妇立即处于被动的境地了，说出去，总是儿媳妇的不对。人们会说，“这个女人太不讲理了，婆婆被她逼得没办法，都给她下跪了”“你年纪轻轻的，一个老人跪在你面前，怎么忍心？这个女人心太狠了”“这种女人还要她干吗？趁早休了”……

重要的是，这种行为将会给儿子造成巨大的痛苦、愧疚。这对于儿子来说，将会造成一生都难以走出的阴影，并且重创儿子的夫妻关系。

这么一来，母亲成功地达到了控制儿子的目的。她只需要一跪，儿子就会站到她身边，对她更好，转而疏远、怨恨自己的妻子……她赢得了儿子。

每次听到男人这样向我诉说的时候，很抱歉，我无法对下跪的婆婆产生同情。

我不同情，是因为：首先，有什么问题不能好好沟通、解决，非得用下跪这种偏激的方式？其次，婆婆和儿媳的矛盾，大多是因为婆婆插足儿子的婚姻生活太多。如果婆婆过好自己的生活，和儿子儿媳保持适当的距离，恪守“儿子和儿媳是夫妻关系，好也好歹也好，那是他们自己的事，让他们自己处理，我不过问不参与不干涉”的原则，婆婆和儿媳还能有什么矛盾啊？

我和那个对“我妈给我媳妇下跪”始终耿耿于怀的男人说：“如果你真的心疼你的母亲，那么就别在你母亲有这种行为之后，对她更好，和她更亲密，进而疏远、怨恨妻子。你这是变相鼓励你妈下跪。只有让她从这种行为中得不到任何好处，她才不会再做。”

也只有到那个时候，这位母亲才会想到以正常、善意、理性的方式处理家庭生活中的矛盾，审视自己的行为、面对自己的不足，她才可能有正常、健康的心理和情感状态，才能在和儿子儿媳的互动中，收获真正的爱和尊重。

舍难求易。创造、经营一个良好的家庭关系，远比下跪困难得多。

5. 天敌还是朋友?

——写给难处婆媳关系的女人

每次写关于婆媳关系的文章，读者评论都会特别热烈。留下评论的人大多是为人媳者，内容就是各种吐槽、哀怨、愤恨甚至诅咒。当然这绝不代表婆婆没话说，不过是因为婆婆上网少。如果婆婆也上网，对于婆媳关系，大概也有一肚子话要说，一肚子苦要诉。

都说婆媳是天敌，原因就在于没有血缘之亲、没有亲情之吸引。儿媳妇和婆婆，原本是八竿子打不着的两个女人，却偏要往同一个屋檐下凑，出问题是难免的。

做过很多例婆媳关系的咨询，使我有机会能从儿媳或者婆婆两个角度看婆媳关系，能够聆听、体会两者的感受，因此就有一些比较实用实在的话，写给正在为婆媳关系苦恼或者即将置身于婆媳关系之中的女人。

先说给婆婆。中国的婆婆，对于幸福晚年生活的最大憧憬大概就是和儿孙住在一起，尽享天伦之乐。一方面，这辈子全都忙着奔生活养孩子了，老了总算闲下来，却又觉得孤独，觉得自己没用了不再被需要了，心里空落落的，和儿孙住在一起，照顾他们的生活起居，似乎又重新找到了自己存在的意义；另一方面，身体机能衰老，会让人变得软弱、胆怯，总担心自己万一有个三长两短，和儿孙住在一起，就有了安全感。

是的，和儿孙住在一起，估计儿孙都不会有太多的意见，可是你想过儿媳妇的感受吗？和婆婆住在一起，就意味着拘束、别扭、隔膜，在自己家里不能随心所欲，还得处处留神。最要命的是，时刻会觉着自己和老公之间夹个“第三者”，一天两天行，十天半月也行，时间长了，媳妇不乐意、闹情绪、甩脸子，都是可以想象的。

客观条件不允许，必须得住在一起，那种另说。我发现其实大部分婆婆，都有自己的住房，但还是要和儿子凑到一块儿。结果，出钱出力不说，还不讨好，还得看着儿媳妇的脸色，何必呢？何苦呢？

儿子成家立业，有了自己的家庭和生活，但凡聪明的老太太，这时候就应该把财力和精力都投放到自己身上。年轻时没钱没时间去的地方，现在可以去；没机会学的东西，现在可以去学；没空侍弄的爱好，现在可以重新捡起来……将自己晚年生活经营好，和儿子一家人保持着亲而有间的关系。这么一来，你过得自由、舒展，更规避了家庭矛盾，婆媳关系反倒更能亲近、融洽。

你就踏踏实实过你自己的日子，真的有个病啊痛啊，需要儿子媳妇照顾，或者经济方面真的出现困难了，也别不好意思，尽管开口，该用他们的地方就得用，这是儿子媳妇应尽的责任和义务。真的遇到那种没良心的混蛋，还有法律为你作保障呢。

再说给媳妇。其实有很大部分婆婆和儿媳同住的家庭，并不是婆婆死乞白赖要住过来，而是小夫妻有了孩子，请不起保姆，或者说即使请得起保姆，但总觉得把孩子完全扔给保姆不放心，这时候就希望婆婆能和自己同住，帮个忙。我注意到很多媳妇会对婆婆有诸多抱怨和挑剔，比如不讲卫生、眼里没活儿、对孩子不上心、教育孩子的方式不对…… 拜托，人家这是在帮你的忙，你有什么资格挑三拣四啊？对这样的媳妇，一句话——这是你的孩子，你要是有本事，自己高薪聘请信得过靠得住的保姆；如果没本事，那就得学会宽容、忍让，把婆婆哄好了，才能帮你带并带好孩子。与其说你这样做是为了婆婆，还不如说是为了孩子——没什么委屈不平的。

另一方面，要善待婆婆。当然我了解，你和婆婆其实也没什么感情，要让你善待一个与你没有感情的人，不太容易做到。我在这里不唱高调，不说大道理，我只想告诉你，你善待婆婆，其实并不是为了婆婆，而是为了你所爱所在意的老公，毕竟她是他的妈妈。也许他和他妈妈之间也有矛盾，也许他也会在你面前抱怨他妈妈诸多不是，但你对他妈妈不好、不尊重试试？有的丈夫，可能就会直接对你表示不满；有的丈夫，虽然嘴上不说，但心里也会记恨。时间长了，最终受影响的不是婆婆，而是你们夫妻之间的感情！你自己算算这笔账划不划得来？就为了和婆婆较劲，伤害夫妻之间的感情，让孩子生活在不和谐的家庭氛围之中，更严重的，就是感情破裂、婚姻破碎、多年的积累付之东流、孩子的世界不再完整！

儿媳和婆婆如此微妙的关系，直接影响到夫妻间的感情和婚姻质量，值得我们用心经营。经营的方法，其实也很简单。

首先，最好别住在一起，保持一个亲而有间的距离；其次，婆婆坚守一个原则，只要你们小夫妻过得好，我一切都好；最后，儿媳一定要知道，如果你爱丈夫，觉得丈夫是好男人，就一定要感恩那个给予丈夫生命、教养他成为好男人的女人，善待她，尊敬她，尽到晚辈该尽的责任和义务。这么做，不为别的，就为了能让你老公心里舒坦，为了给孩子做一个榜样。因为有一天，你也会成为婆婆。

带着爱意、善意、智慧与包容，去经营生活中的每一种关系，再绕不过去的地方，也可以捋顺，“天敌”也能成为朋友。

6. 婆媳和睦相处的十五条黄金法则

一、做一个真诚良善的人。你可以嘴不甜，也可以不勤快，婆婆对你也会有意见，但是做婆媳是一辈子的事情，日久见人心。她最终一定会知道你是什么样的人，体会到你的好。

二、不能和婆婆发生正面冲突。那种对骂对打的事情，是万万不能做的。因为这像一个潘多拉的盒子，一旦开始，就会发生第二次、第三次……双方撕破脸，也就无所顾忌了。

三、过头的伤人话不能说。有些婆婆说媳妇，“瞧你那德性，能嫁到我家算你祖宗八辈子积德!”有些媳妇说婆婆，“我要知道他妈是这种人，我宁可嫁不出去也不会答应这门亲事!”这种话一旦说出口，一定会在对方心里留下无法消退的阴影。日后即使为对方做一百件好事，也无法弥补。

四、不要在婆婆面前秀恩爱。有些媳妇，可能出于想压住婆婆的心理，看，你儿子多爱我，你儿子压根儿就离不开我!以为这样就可以让婆婆重视、善待自己。错！基本上大部分婆媳不和的根源都在于婆媳争宠，都希望自己在那个男人心中占有最重要位置。这时候，我觉得媳妇一定要高姿态一些，不妨让婆婆觉得儿子对她的爱，并没有因为娶了老婆就淡化了。比如对婆婆说，“您看，我不让他抽烟，说多少遍都没用，您一说，他马上就不抽了，到底还是您说话管用啊”。又比如，“妈，您在这儿，他一下班就赶着回来，平时他才不会回来这么早呢”。你这样说，老太太肯定很高兴。老人都缺乏安全感，一旦她意识到儿子还爱她还在乎她，她就会对媳妇很宽容；反之，她会很紧张很委屈，儿子和她日渐疏离，她是不会怪罪儿子的，会把账全算在儿媳的头上，愈发地挑剔儿媳，想向儿子证明，你看，我是最爱你的，媳妇哪有亲妈好！如此，恶性循环，永无宁日。

五、不要在婆婆面前说丈夫的不好。要知道，儿子再不好，在当妈的眼里，也是怎么看怎么顺眼的。

六、婆婆做得不好的地方，让丈夫和婆婆说，而且一定不要让婆婆察觉是你让丈夫去说的。

七、经济上保持独立。靠丈夫养活的女人，是不可能获得婆婆的尊重和善待的。她会觉得儿子养家太辛苦，因此心疼儿子，处处挑剔儿媳。

八、不要以为“啃老”是理所当然的事。婆婆给你一分钱，都是情分。换句话说，她一分钱不给你，也没什么不对。

九、不计较。无关紧要的小事，过去就过去了。人老了，话就多。她说好听的你就听着；说的不好听，你就一只耳朵进一只耳朵出，不要放心上。记住，家和才能万事兴，否则这个家总要出娄子的。

十、如果你觉得婆婆的某些言行已经触到你的底线，一定要在第一时间说不，让她知道这是你不允许不接受的，让她知道你的底线在哪里、原则是什么，而不是嘴上不说，心里又在生闷气。事后婆婆还不知道你为什么生气。你要知道，一个不懂得说不的人，是不会赢得别人尊重的。同样，一味地忍让也不会换来真正的和平。

十一、不看僧面看佛面。如果丈夫待你很好，那么，即使有时候婆婆让你不高兴，也就过去吧。你想，这么好的丈夫，不也是婆婆生养教育出来的嘛。再说，婆媳相处不好，夹在中间的丈夫该多难受！时间长了，丈夫就会觉得待在家里很难受，不愿意回家了。

十二、条件许可，最好不要和婆婆住在一起。有些人觉得和婆婆住在一起，在经济方面、家务活方面、带孩子方面都占便宜，但这些小便宜有时会让你得不偿失。

十三、有孩子，自己带。交给婆婆带，一方面老人的养育方式对现在的孩子来说已经落伍；另一方面，容易产生家庭矛盾。

十四、鼓励婆婆享受生活，有自己的兴趣爱好。有些媳妇见不得婆婆花钱，总觉得婆婆的钱，如果不花，将来都是自己的。这是短视的媳妇。婆婆过得好，心情好，就不会生事，就会对你很宽容；反之，她天天闷在家里，想想自己一辈子没享过福，养这个儿子有什么用，就会感到很憋屈，就会看你不顺眼。再说，也不利于健康啊。如果她生病了，还不得你照顾嘛！

十五、婆媳之间不必过分亲密。过分亲密了，就容易出岔子。亲密让人松懈，一旦松懈，就什么都不在意了，就会胡说八道，说话不过脑子。但你要知道，她毕竟不是你亲妈，说错话做错事，她是会计较的。婆媳之间最好的关系是，亲而有间，有礼有节。

第九章

爱是智慧，更是能力

婚姻的意义，不仅是两个人一起慢慢变老，更是两个人一起慢慢变好！

1. 打破婚姻的消极困局

今天是星期天，天气很好，一家三口好久没有在一起活动了，青柠想和辛涛带着儿子出去走走。没想到辛涛洗漱完毕就急着出门，青柠问他去哪里，他说，“和哥们有点事儿，你问那么多干吗”，然后就出门了，将青柠撂在家里。

这就是辛涛现在的状态——基本视青柠为无物。丈夫和父亲该承担的责任他承担，但是，你想要更多，对不起，没有。青柠的感觉是，这个男人，对她来说就像一块铁板，油盐不浸，她想和他交流沟通都不知道从哪儿入手。

开始时，青柠的情绪完全被辛涛左右，注意力全部放在他身上。辛涛对她温柔一点，她就会很开心；辛涛对她很冷漠，她就很不安，总想问个究竟……她越是这样，辛涛就越烦她躲她，最后直接和她摆明态度——我就这样，你要是不想过，咱们可以离婚；你要是想过，咱们也可以过，但是你想让我变成你希望的那样，不可能。

青柠不想离婚。可是不离婚，和铁板一样的男人没有温度地过一辈子，和离婚又有什么区别？

纠结是最消耗人心力的。短短几个月，青柠就暴瘦十几斤。要好的女友来看她，被她的样子吓了一跳，细听原委，不免替她鸣不平。

女友是做服装生意的，有自己的服装厂和服装店，就对青柠说：“别和他置气了，你不是喜欢服装设计嘛，闲着没事就帮我做设计。我要是觉得好，就生产出来放在店里卖，我付你设计费。”青柠听了这个建议，眼睛一亮。做服装设计师一直是她的梦想，既然有这个机会，干吗不试试呢？

之后青柠随身带个小本子，有空就在本子上涂涂画画，将自己心目中的漂亮衣服落到纸上。还真有几款设计被女友看中，据说还卖得不错。这极大地鼓舞了青柠。

青柠的精力，除了上班、照顾儿子，全部放到设计上，她再也顾不上辛涛了。星期天，她发现自己竟然暗暗期盼辛涛赶紧出门。他出门后，她立即将儿子往娘家一送，然后就一头扎在设计上，忘记吃忘记喝，经常一画就是一天，晚上才想起儿子还在娘家呢。她和女友开玩笑说：“我现在往往要想上好一会儿，才想起来我是有丈夫的人。”

对于青柠的状态，辛涛开始觉得挺好，总算没人烦我了，清净！可时间久了，他渐渐觉得有点儿不是滋味了，尤其看见青柠每天两眼放光来去如风，像打了鸡血似的充满激情。有时候他和她说话，她嘴上答应着，可心神似乎在某个不知名的地方飘着。他也不由得有些好奇，她在忙什么呢？

终于有一天在早餐桌上，辛涛忍不住问青柠：“你最近在忙什么呢？”青柠本来想告诉他，可是转念一想，告诉他他也不懂，还得解释半天。于是她将最后一口豆浆倒进嘴里，起身说：“没忙什么，还那样。”

青柠的态度让辛涛心里有些忐忑了。依他对青柠的了解，她属于心里藏不住话的人，芝麻大点儿事情，也一定会抓住他，嘚啵半天才安心，像现在这样，还真是罕见。他第一次对她产生捉摸不透的感觉。

星期天，辛涛突然不想出去了，对青柠说："今天我们带儿子出去逛逛吧，你不是总说一家三口没在一起活动了嘛。"青柠面露难色："我和朋友约好帮她做点事儿，要不你带着儿子去玩吧！"辛涛想问什么事儿，但话到嘴边又咽下——这不是青柠经常追问他的吗，怎么现在成了他追问她了呢？

一整天辛涛都有些心神不定，看着儿子嬉笑奔跑，满脑子都是青柠："她在忙什么呢？除了恋爱那时候，自己什么时候满脑子都想着她了？"他问儿子："你知道妈妈最近干什么吗？"儿子说："妈妈帮阿姨卖衣服。"辛涛突然一刻也不能再等，想看到青柠，现在，立刻，马上。

在街边，辛涛看见青柠指挥店员布置服装店的橱窗。她长发挽起、丝巾飘扬、时而仰起脸爽朗大笑，看起来又知性又妩媚。他突然心动，她其实挺漂亮、挺有魅力的。

辛涛跑到旁边的花店买了一束红色玫瑰间杂白色满天星。上一次给青柠什么时候送花，他已经想不起来了。今天，他想送给她一束花，还想请她共进晚餐。

似乎有新鲜的血液重新注入他们婚姻中，让几乎要停下的心脏又重新跳动——辛涛心里掠过一阵隐隐的激动。正在忙碌的青柠不会知道，她已经顺利度过了婚姻中的一个小小的坎。

婚姻是一场马拉松，进行到某个时刻，会进入倦怠期。他没有出轨，也不想放弃，只是提不起劲头来了。他会厌倦你，对你再没有最初的热情和关注，一副“我就这样，你要不满意尽可换人”的混蛋模样。你对他的表现不满，受不了他的冷漠，于是你闹你哭你吵，都没有用，只会让他更加厌烦、更消极。就像一匹马，走到中途，累了乏了，就开始磨蹭了。你拿鞭子抽它，它也不想动了。

此时的你，不妨转身，将注意力转到自己身上。他消极他不想动，那就先别管他，你照样活好自己、做好自己，等他偶尔打起精神来，想看你一眼的时候，才发现你已经自顾自地跑了那么远了。他一着急，劲头来了，又撒丫子追你了。

2. 打破控制的恶性循环

晚上十点多了，德明还没有回家。打电话追问，无人接听。素绢开始坐立不安。

不是说好十点前必须到家的吗？为什么总是言而无信？为什么只要出门后，他就像断了线的风筝一样？

德明和朋友组织一个乐队，每周总有几个晚上在一起排练，这是素绢知道的。乐队的几个人她也见过，但还是免不了胡思乱想。他每次去排练都兴高采烈的，真的是和那几个男人一起排练吗？

也正因为如此，素绢给德明立了几个规矩——晚上 10 点前必须到家，保持手机畅通，每次在哪儿排练，要把具体地址发到她手机上……

德明答应得痛快，可是每次都做不到。当然他每次都有理由——路上堵车，排练室信号不好，具体地址我也不清楚……

搞得素绢愈发生疑，哪有这么巧，每次都有事儿？

其实真的没啥事儿，只是她这样紧迫盯人，让德明受不了，也让他发自内心地厌恶。所以每次素绢查他的行踪，他会故意使坏。你不是喜欢查吗？有本事有时间你就查呗，但让我主动向你汇报，甭想！

殊不知，他越是这样，素绢越是紧张，越是要管得紧；素绢越是管得紧，德明越是想逃，最后竟然发展到每次排练完都不想回家，直接回公司睡觉。

夜不归宿，这还了得！这天一大早，素绢就来到公司，看见德明蜷缩在沙发上睡得正酣，一时间百感交集，坐在旁边哭诉："打电话你不接，你知不知道我有多担心？你没干见不得人的事儿，干吗不打个电话说一声？"德明心想："打电话告诉你你会同意吗？你还不得盘问个底儿掉啊？"

见德明无话，甚至连个解释也不愿给，素绢哭得更伤心了。德明心里哀鸣："这日子实在是没法过了。"

德明的同事葛楠，和他在一个乐队，在一边帮着打圆场："嫂子，他就是怕晚回家挨你说，所以就睡在公司里。我们在一起，真的没啥事儿。你要是不信，下次排练你和我们一块儿去，行吧？"

素绢不哭了："真的？"又转向德明，"我真的可以去啊？"德明冷笑："想去你就去呗，我又没干什么见不得人的事儿。"

于是下次排练，素绢还真就去了。音乐的事儿她不懂，就坐在排练室外边，一边翻杂志一边嗑瓜子，时不时抬起头透过玻璃往里看一眼，心想，一首曲子来来回回练个几十遍，烦不烦？

连续去了一个月，素绢终于厌倦了，重要的是德明确实在排练，而不是借排练之名闹什么幺蛾子，心里也踏实了。这天她对德明说："我不去看你们排练了，一点都不好玩，还不如在家看看电视。”德明心说，本来就是嘛，但嘴上不饶人：“别呀，你不去，回头又得折腾我。我可不能保证每天都能10点前到家，也不能保证你每次打电话都能接，更不能保证每次都会把详细地址向你汇报……”素绢白了他一眼：“别得了便宜又卖乖啊，谁让你之前总是躲着我？你越躲着我，我越是把你往坏处想！”

之后，在德明去排练的晚上，素绢不再胡思乱想，而是做些自己喜欢的事情，比如看看韩剧、做做面膜，时间很快就过去了。有时候德明回来都把她吓一跳：“这么早就回来啦？”

奇怪的是，她一放松，德明反倒自觉了。有时候晚归，他会主动打电话告诉素绢，有时候回来还会和素绢交流一下排练心得……

五月，德明的乐队首次在酒吧演出，素绢也到了现场。他们一口气唱了四首原创作品。素绢最喜欢其中的《鸟笼》：“……你为我打造了一个鸟笼，想让我活在你的保护中，而你的保护成了我的束缚，让我更渴望天空……”

素绢觉得这首歌唱的就是她和德明以前的生活状态。曾经她总想控制德明，而德明拼命想挣脱，他越是想挣脱，她越要抓牢，两个人就这样较着劲，陷入一个恶性循环中。所幸的是，德明先跳出去，允许她看他们排练。从那个时候，她也跳出这个循环，他们的关系开始好转。

当一个人试图控制另一个人，背后的潜台词都是“我没有安全感，我觉得你心里有鬼，你很快就会离开我……”要想打破这个僵局，需要被控制的人先放弃抵抗，温柔地顺服。

“亲爱的，没关系，我的心我的世界，你随时随地都可以进来”。你只有先撤掉栅栏，让对方熟悉你的每一片疆域，建立信心、抚平不安，她才会对栅栏没那么敏感。她不敏感了，你再围上栅栏也不迟啊。

3. 驭夫的密码

有人在网络上发起一个调查：你会主动亲吻男友或老公吗？

思渔看见大部分女人的答案都是“会”。她撇撇嘴，在心里回答“不会”。

其实刚结婚时，她也会经常亲吻中磊，只是每次都是她主动，中磊从未主动过，慢慢地她就有些不满了。后来她不再主动亲他了，多少有些赌气的成分。

类似的事情在他们的婚姻生活中层出不穷。

比如思渔偶尔和婆婆闹别扭，本来没什么大事，她心里暗暗希望中磊能哄哄自己，说几句甜言蜜语就没事了。但中磊呢，一看见她生气，就闪到书房里，关上门也不知道他在里面干什么。思渔本来没有多么生气，看见他那样，便气得不行。

比如晚上他们躺在床上，夜色温柔，心情放松，思渔希望这时候中磊能抱抱自己，相拥着聊聊天。可他自顾自地抱着手机玩游戏。思渔将他手机夺过来：“不许玩！”没有手机，不到两分钟，他就睡着了。

比如他们出去逛街，每次过马路时，中磊都自顾自地过去，全然不顾在车流中左顾右盼举步维艰的思渔。

这样的事情多了，思渔感觉自己的心慢慢凉下来。有时候她不免有些懊恼地想，即便是块石头，这么些年也该焐热了。哪像他，完全是一块无情无趣、没心没肺的榆木疙瘩！

这半年思渔都带着编辑部的同事忙杂志改版的事，现在终于结束了，好在结果令人欣慰——无论领导还是读者对这次改版都很认可。她心情大好，回到家趴到沙发上虚张声势地哼哼："哎哟，累死我了，我这老腰喔！"

中磊坐在一旁看电视，走过来说："老婆，我给你捏捏。"他说着就给她按摩。

真是太阳从西边出来了。还甭说，中磊这么一捏，思渔觉得通体舒坦。她那天心情好，开始夸起中磊："老公，你这样待我，我真是受宠若惊呀，觉得自己好幸福啊！谢谢你呀，我的好老公！"

这番甜言蜜语从思渔嘴里说出来，让中磊很兴奋，按得更起劲了，还一边按一边问："真的吗？真的吗？"

第二天思渔下班回家，还没等她在沙发上坐定，中磊就凑过来："今天咋样？我再给你按两下？"

太阳第二次从西边出来。思渔趴在沙发上，一边享受着中磊的按摩，一边思索："他是怎么回事？榆木疙瘩也开窍了？"

她突然恍然大悟。以前中磊所言所行总是不合自己的心意，并不是他不想，而是他压根就不懂、不会。男人和女人之间的差异之大，如同来自两个不同的星球，有些事你认为他理所当然会明白，其实他还真的不明白。经历昨天她的那番肯定和赞美之后，中磊终于意识到，他这样做，是她喜欢的。哪个男人不想听那样的肯定和赞美呢？所以，为了再次听到，他会再次做，并且会一直做下去。

以前，中磊也偶尔这样对待过她，但是她总是淡然处之的样子，总觉得夫妻之间说些肉麻兮兮的话显得太假了。她不知，正是因为她的淡然，让中磊误以为她对他的所作所为无感、无所谓，甚至不喜欢，所以就不会去做。

思渔把脸埋在沙发里，抑制不住笑意。她想，自己终于找到如何驾驭这个男人的密码了。

之后，思渔换了一种方式对待中磊。比如，早晨醒来，中磊给了她一个亲吻。要是在往常，她心里是高兴的，但嘴上肯定说，“干吗啊，讨厌”。现在，她会告诉他，“好喜欢这种感觉，一睁眼就能得到你的亲吻，心里暖暖的甜甜的。老公，以后多亲亲我好吗”。比如，她过生日，中磊带她去吃烛光晚餐。要是在以前，她也会觉得很享受，但肯定会说“啧啧，太贵了，华而不实”。现在，她会在烛光中对着中磊含情脉脉，“今天晚上我很幸福，谢谢你”。

此外，她还准备了许多中磊喜欢的小礼物，每当中磊做了合她心意的事，她就会奖励他。

“老公，今天在10点前就上床了，奖励你喝一杯红酒。”

“老公，为了感谢你今天早上帮我擦鞋，我送你最想要的耳机！”

“老公，你这个星期天天来接我下班，我周末请你去吃烧烤怎么样？”

……

总的来说，这种方式就是，当他偶尔用你喜欢、渴望的方式对待你时，你要及时表达爱与感激。这样的爱与感激，会让他知道你喜欢他这样做，等于是将他偶尔为之、稍纵即逝的行为固定和强化了。久而久之，这些行为会成为他的习惯，他会逐渐成为你希望的那个人，你们的婚姻生活也会随之变得越来越和谐，越来越有情趣。

思渔将这种驭夫秘籍讲给闺蜜听，闺蜜大笑："你这不是驯猴嘛!"

思渔想想也笑了。这就像驯猴嘛！男人的野性、顽皮和不成熟，不正和猴子一样吗？要想他能在你面前驯服，就得让他尝到甜头呀。

4. 爱他（她），就是给他（她）个台阶下

那时候，彩琳和赫然还没有结婚。有一次，不知道为了什么事情，他们互不理睬打起冷战。一天，两天，到了第三天，双方都有些憋不住了，但谁都不愿先和对方说话，都这么熬着。后来，赫然妈打了个圆场，请彩琳到家里吃饭。饭桌上，赫然妈指着宫保鸡丁说：“赫然和我说，你最喜欢吃宫保鸡丁，所以我做了这道菜!”彩琳瞥了赫然一眼，娇嗔一句“德性”，赫然顺势回了一句“我怎么啦”，两个人都绷不住笑了。这场历时半个月的冷战便结束了。赫然妈在一旁看着这对欢喜冤家，语重心长地说：“以后过日子，矛盾多着呢。什么是相爱？相爱就是有矛盾的时候，愿意给对方一个台阶下。”

彩琳和赫然真正明白这句话的含义，是在他们婚后。无数次大大小小的矛盾引发的争吵和冷战时，明知道对方想向自己示好，但又放不下面子。而自己呢，也心疼对方这么硬撑着难受，可是又担心“热脸贴上冷屁股”，便在相互较劲、试探、琢磨中，慢慢摸索出了一套“给台阶下”的艺术。

有两次化解双方矛盾的行为，让彩琳和赫然至今依然津津乐道。

一次是赫然陪彩琳逛商场。本来赫然就不喜欢逛商场，心里正郁闷，可是彩琳偏偏兴致大好，试了这件试那件，试了这颜色试那颜色，每试一件还要跑到赫然面前问："好不好看？好不好看？"赫然说好看，她还不依："少敷衍我，你说说怎么好看嘛。"最后将赫然搞烦了，没好气地说："你看看你的腰，游泳圈看不见啊？还穿这么紧的衣服！"服装店里那么多人，彩琳尴尬极了，放下衣服掉头就走。赫然知道自己说错话了，连忙上前认错，可是已经晚了。彩琳越想越生气，对他怒吼："走开！别和我说话！"赫然也生气了："至于吗？我不是已经向你认错了嘛，不让我和你说话？行！"就这样，他们谁也不理谁了。

第二天彩琳就有些后悔了，暗暗期待赫然来找她说话，可是连等三天他都没来。彩琳真的生气了，"看看你这点心胸！真的不理我了？行！"赫然这边，这几天过得也很难受，可是又想，"你想和我说话我就得觍着脸和你说话？不想和我说话就让我走开？"

这样过了一个星期，两个人都觉得这种日子太受罪了，都在暗暗期待对方能抛出橄榄枝。同时，两个人也都在琢磨用什么方法可以顺利地和好，又不至于让自己太跌份儿。

这一天，赫然上班前，故意将笔记本电脑落在餐桌上。彩琳吃饭时一定会看到的。笔记本电脑对于赫然来说是"吃饭的家伙儿"，如果不带就意味着无法工作。彩琳看到笔记本电脑，眼睛一亮，总算有借口和他说话啦。她迫不及待打通赫然的电话，还做出一本正经的样子："你笔记本落家里了。"赫然说："是呀，正着急呢，你能帮我送过来吗？我现在走不开。”于是，彩琳将笔记本送到赫然的公司。赫然请她喝茶。两人自然就和好啦！

另一次是赫然参加大学同学聚会时，听到一位同学说起刚找到一份卖汽车的工作，急于出业绩，压力很大。或许是喝酒的缘故吧，赫然头脑一热，拍着胸脯说：“别担心，我买一辆！”

酒醒之后，赫然意识到自己许了一个难以实现的承诺，刚买房子，父母和自己已经为此倾尽所有，哪还有闲钱买车?!可是他的性格是，答应别人的事情，就一定要做到。他不敢和彩琳说，不好意思和父母说，还有什么办法呢？那几天他为此愁眉苦脸，吃饭吃不香，睡觉睡不好，搞得彩琳暗自纳闷。

这一天彩琳在家里接到赫然那位大学同学打来的电话，问什么时候去看车。聊了几句后，彩琳明白赫然这几日神不守舍的原因。放下电话，她的第一反应是向赫然兴师问罪，可是拿起电话她又迟疑了。要是换作别人，以一句“酒后胡言别当真”就搪塞过去了，但她了解赫然，答应别人的事情，就一定要做到。他这一点不正是自己最喜欢的吗？再想到他神不守舍的模样，她有些心疼了。“傻瓜，干吗不和我说呢？”她想他一定是怕自己和他吵架，现在家里的经济状况毕竟不太宽裕。

赫然回家后，彩琳对他说：“亲爱的，今天忆珍来看我，她买车了，带我逛了一圈，真舒服！我想咱家很快就会有宝宝，用车的地方多着呢。咱们也买辆车吧！”赫然一愣，随即小心翼翼地问：“哪有闲钱啊？”彩琳说：“没事，我哥答应借给我们，反正他也不用，等咱们有钱了再还他！”

赫然一下子冲过来将彩琳拦腰抱起，高兴得嗷嗷直叫，啥也说不出来了。彩琳看见赫然连日来的愁容一扫而空，也高兴极了。

这样一个个巧妙的“台阶”，让彩琳和赫然的婚姻生活，虽说也有磕磕绊绊，但总体来说还是幸福和快乐的。他们都没有问过对方，那些台阶是不是故意给的，彼此心照不宣。他们都知道，这个世界上，愿意在你赌气、为难、尴尬之时，不露痕迹地给你一个台阶下的人，一定是深爱、在意、心疼自己的人。所以，一旦看见对方给自己台阶，他们就赶紧下来，因为死撑着不下来，伤了对方的心不说，难受的还是自己。

他们都在心里默默累积着对方的情意和感谢，这一个个台阶，也铺就了他们通往对方内心之路。

5. 她是闺蜜，但她首先是女人

一年前，她发现老公出轨，经历了生命中最痛苦、黑暗的岁月。

当年，她跟他来到这个举目无亲的城市。除了他，她在这个城市最亲的人，就是闺蜜。

在那段痛苦、黑暗的日子里，她唯一可以倾诉的人，就是这个闺蜜。她告诉闺蜜，她发现老公出轨的蛛丝马迹，在闺蜜面前哭泣、咒骂、发泄，甚至还会将自己和老公的床笫之事的不如意也毫不保留："他现在好像性无能一样，总是力不从心，不知道他想着哪个狐狸精呢！"

闺蜜倾听、安慰，帮她出谋划策。她每每庆幸又感激："幸亏还有你，要不我真的不知道怎么办了。"

有一次，老公看着她，叹口气说："你真是太傻了啊。"她心想，"是啊，我可不是傻子嘛，千挑万挑，偏偏挑了你这个花心大萝卜！"

一次偶然的机会，她才知道老公说她傻是什么意思。因为她发现，老公出轨的对象，正是她的闺蜜。

这是真实的个案，虽然极端，但生活中被闺蜜抢走男友、老公的故事并不鲜见。所以才有“防火防盗防闺蜜”一说。

都说朋友妻不可欺。同样，对朋友夫无论怎样也不能动心思。说起来容易，但道理触及感情，总显得苍白无力。

是的，对方是你的闺蜜，但她首先是女人。女人在面对友情和爱情的选择时，通常都会选择后者。

看到这里肯定有女人会说：“照你这样说，以后谁还敢交同性朋友啊?”别，咱也不能因噎废食，朋友还是要交的，闺蜜也是要有的，但要有分寸、知深浅。

你和男友或者老公约会，不要总带着闺蜜。二人世界不享受，偏偏要带个“电灯泡”，这“电灯泡”可是个有血有肉的大活人，异性相吸日久生情，你给他们创造了这样的机会，产生感情不是很正常的事儿嘛。

有些女人不知是出于虚荣还是炫耀，习惯在闺蜜面前夸耀男友或老公如何出色能干，如何宠爱自己，说得这个男人简直是天下无双世间仅有。好男人谁不爱？更何况闺蜜没准儿正处于芳心寂寞难耐的状态，她要对你的男人动了心下了手，纯属你自找。

也不要整天向闺蜜诉说男友或者老公的不好。说多了，闺蜜心想，“我看他不错啊，既然你不稀罕，那我接手得了”。没准儿闺蜜还觉得帮了你一个忙呢。

更不要整天在男友或老公面前夸闺蜜怎么怎么好。有些女人对自己的魅力格外自信，也想借此考验自家的男人。你再有魅力，男人再“坐怀不乱”，但男人毕竟是男人，你总将自家男人置于诱惑之中，不是智慧，这是“作死”。

尤其是，不要干那种一走一个月，拜托闺蜜帮自己照顾、看管男友或者老公的事儿。他是男人她是女人，彼此有大把时间近距离相处，甚至独处一室，不该发生的事情也容易发生了。

人生漫长，难免孤单。总的来说，闺蜜要，男人也不能少。你若是珍惜友情也珍惜爱情和婚姻，若让两者同时存在于你的生活中，且不给你添乱、添堵，那就送你一句“海燕呐，你可长点儿心吧”。

6. 做正确的事

案例一：

40岁的女人，婚龄15年，婆媳关系一直处理不好。最近婆婆要过80岁大寿，她因为心里对婆婆有诸多积怨，就想找借口不出席婆婆的寿宴，让老公和孩子去，但又隐隐觉得自己这样做，婆婆丈夫都会对她有意见。她很纠结，问我："卡玛，你说我是去还是不去呢？"

案例二：

36岁的女人，婚龄10年，最近和老公闹别扭。起因是她骨折时，老公对他不管不顾，自己出去和哥们儿打麻将，她想喝杯水都没人倒给她。她说："就因为这件事，让我对他对婚姻彻底寒心。"但是，她又不想离婚，只想"就这么凑合着过呗"。最近，老公因肺炎住院，她也想让他尝尝生病没人管的滋味，体验一下报复的快感！不过她心里又有点不忍，如果自己不去医院，她和老公的关系，可真是雪上加霜了。她很纠结，问我："卡玛，你说我要不要去医院照顾他呢？"

这两个案例，在我们生活中是很常见的。经常有人对我说："其实我知道怎么做会让他（她）高兴，但是，我就是不愿意做。因为他（她）已经让我不高兴了，我凭什么要让他（她）高兴?"事实上，当你这样想的时候，你已经被怨恨、不平、消极等负面情绪控制了。

当然这样也行，"就这么凑合着过呗"，反正也不想好了，或者心里已经有意无意往离婚方向走了。那你就这样吧，毕竟战胜自己的负面情绪，并不是简单的事情和愉快的体验。

但是，如果你不想离婚，看到别人的婚姻幸福和美好还很羡慕，你也害怕自己的一意孤行会让矛盾激化，局面变得越来越糟糕；也害怕未来的某一天会为今天自己的所作所为后悔。你只是咽不下那口气，抚不平心里的那些不快……

那么，我教你一个方法。

那些负面情绪，你先不用管它，先从一个正常客观的角度问自己：作为儿媳，婆婆 80 岁大寿应不应该去？作为妻子，老公生病住院应不应该去照顾？正确的答案当然是应该去。那么你就去。这个过程里，你是你的一个工具（工具是没有情绪的），现在你给这个工具发出指令——去做正确的事。

非常多的案例告诉我们，你能将负面情绪放到一边，选择做正确的事时，情况会向好的方向转变。比如，案例一里的婆婆，过了一个快乐舒心的生日，看媳妇也顺眼多了；更重要的是，儿子看见妈妈过了一个快乐的生日，会对识大体的妻子充满感激；案例二里的丈夫，体会到妻子给病中的自己带来的温暖和安全感，会反思自己在妻子骨折时还和哥们儿去打麻将的做法太过分了，从而对妻子感到内疚。即使你暂时没有看到他的这些转变，你也给他日后的转变增加了可能性、留下余地、积累了正能量，总有一天，你会迎来“从量的积累到质的转变”。更重要的是，你的做法已经为未来的自己送上一份美好的礼物。这件礼物叫做无悔。

7. 会示弱的女人最好命

这些日子我一直在看《妈妈是超人》。四个妈妈里我最喜欢胡可和包文婧，因为她们有个共同点——会向孩子示弱。

胡可的育儿理念是，“我希望能在他面前示弱，我希望能在他面前做一个小女生，让他能帮助我克服生活当中的一些困难，帮助我完成很多事情。我觉得妈妈应该是这样的，尤其是男孩子的妈妈”。包文婧自己还是孩子，有一次她带女儿饺子逛商场，饺子不想走路，嚷着要妈妈抱。她索性蹲在地上，对饺子说，“我实在抱不动了，你要是不想走，咱们就在这里蹲着”。还有一次，她大概是太累了，竟然对着饺子哭着说，“饺子，对不起，妈妈太累了，你能原谅妈妈吗？妈妈会更努力的”。

我们听过太多“为母则强”“母亲是无私而伟大的代名词”“母亲是孩子头顶的一片天”之类的“名言”，看到胡可和包文婧这样的母亲，我会暗自忧心，这样的母亲能带好孩子吗？能带出好孩子吗？事实证明，无论胡可的安吉和小鱼儿，还是包文婧家的饺子，都是可爱、活泼、灵动、善良、懂事又情商高的好孩子。

做母亲如此，做妻子也如此。

经常看到有些女人，强势、能干，家里家外一把好手，对老公这也看不上那也看不上。因为看不上，所以她事无巨细都得自己干才放心，结果把自己累个要死，又任劳不任怨，对老公不满、抱怨、指责。时间长了，老公就不喜欢面对她，不喜欢回家，夫妻感情从而变得疏远、淡漠，甚至走到离婚的境地。这是典型的“吃力不讨好”的女人。

有些事你让老公分担一部分，他可能做得不好，可是，他又不是傻子，第一次做不好，第二次做不好，第三次总会做得像点样子了。再说，他做不好就做不好呗，家里能有生死攸关的大事？只要他能做得马马虎虎就得了。

有些女人就会和老公示弱。家里的电灯坏了，让老公修，“哎呀，家里没个男人还真不行，老公你去修电灯吧，我不会”；自己累了，让老公煮饭，“我今天累了，没胃口，就想吃你做的西红柿疙瘩汤，可以吗”；孩子病了，让老公陪自己去医院，“万一孩子有啥问题，估计我的心全乱了，我害怕。老公你得陪着我，你在我旁边我心里才有底”……

这样的女人，似乎没有做什么，她们只是适时地给予老公肯定、认可和赞美，“老公你太厉害了”“老公没有你我可咋办啊”“老公你现在的厨艺越来越进步了”……但她们的老公，干了活受了累还乐呵呵的。这要是让那些强势女人看了，一定要问“这还有没有天理呀？”

她们也许会说，“不就是示弱嘛，谁不会呀？”

我和你说，你还真不会。

我发现那些会示弱的女人，有一个共同点，就是都有一个强大的内心，自信而放松。这样的女人，能够以包容和接纳的态度看待别人，能够在别人长处面前欣赏、诚服而不是较劲，能够温柔似水，也能够弯腰示弱。

我曾经说过，强势和强大是两回事儿。强势的女人，处处争强好胜，其内心的潜意识是，“你看我多厉害，多能干，你什么都不行，这个家能成今天这样都是我的功劳，没有我你就完了，所以你不能离开我……”这样的女人，内心充满焦虑、恐慌和不安全感，怎么可能会自如地示弱呢?

我爱用“小狗”来比喻这样的女人。越是体型小的狗，越是爱叫，叫声越是急、高、尖，因为它体型小，就觉得谁都有可能欺负它，所以为了保护自己，它就得做出一副很凶很厉害的样子。但凡强势女人，内心都深藏着这样一只小狗吧。

什么时候，你内心的那只小狗，停止叫嚣，消散戾气，取而代之的是温柔和润，亲爱的，那就是你好运和好命的开始。

8. 幸福女人必备的一种能力

从事婚姻咨询日久，我总能听见女人抱怨："他不喜欢回家，不喜欢和我在一起，就喜欢和狐朋狗友鬼混!"也总能听见男人对我诉苦："她太黏人了，我出去和朋友吃顿饭她都要打五六个电话问我什么时候回来。恨不得和我像连体婴儿一样24小时待在一起!"

这就是男人和女人的差异。女人婚后，就喜欢和爱人手拉手逛逛街逛逛超市，或者哪儿也不去，待在家里一起做饭聊天，都会觉得心里特别安宁特别幸福。她会自动疏远朋友，和外界隔离。男人偶尔过这样的小日子还可以，总是这样肯定受不了，会想方设法逃出来透透气。对于男人来说，和老婆手拉手逛街，当然不如和哥们儿喝酒吹牛开心。

于是，婚姻中常出现的局面：女人拼命往上黏，男人拼命往外逃。男人越是往外逃，女人就越是往上黏。久之，形成恶性循环。于是，女人怨恨，男人厌烦，好好的日子也过不好了。

其实，这些女人只要具备独处的能力就好了。论大白话就是会自己和自己玩。

老公有他的事情要做，有他的朋友要约，你自己就没着没落不会过日子了？看看书、听音乐、收拾屋子、练瑜伽、学做菜，这不都是挺有意思的事儿嘛！或者，约上闺蜜，一起逛商场，看电影，聊天吃饭，再或者，收拾行囊独自上路，来一次短途旅行……

当你能安排好独处的生活，甚至开始享受这种生活，你就不会对老公不能陪在身边心怀不满，而老公的心情就会自由、放松很多。相反，他会对你产生更多兴趣，“你一个人的时候都干些什么呢”。你们因此有了更多交流的内容。你们虽然是夫妻，但并不能因为这种关系丧失彼此的空间。相反因为这种关系，拥有了更开阔的视野和更丰富的生活内容。

说到底，不能独处的人，是精神世界太贫乏的缘故。精神世界贫乏的人，即使老公整天陪着你，也会觉得乏味。而精神世界丰富的人，不但一个人的日子可以过得有滋有味，更可以让婚姻中的每一天都过得不一样。

第十章

缓慢性爱

做爱是一项系统工程。在这项工程里，如果夫妻双方都体会到了爱与被爱，自己的身体被对方接纳和喜欢，身心交融、感情流动……那么我想说，这样的性生活，即使没有高潮，也依然是高质量的、和谐的性生活。

1. 和谐的性生活什么样?

关于和谐的性生活，大部分人的评判标准都是差不多，无外乎频率和质量。所谓频率，就是指做爱的次数。时下有一个颇为流行的公式：性爱频率 = 年龄的首位数 ×9。当然，20 岁以上的人才适用该公式。以此公式，一个 30 多岁的人，他（她）的性爱频率应该是多少呢？即：3 ×9 =27，也就是说他（她）适合在 20 天内过 7 次性生活。

所谓质量，是指每次性生活都能达到高潮。

如果以此标准，衡量我们的性生活是否和谐，可能很多人都不达标吧。我在工作中经常遇到来访者向我讲述这方面的困惑和烦恼。“天哪！我们一个月也做不了一回，是不是他对我越来越没兴趣了”“唉，现在体力大不如以前了，躺到床上就懒得动，是不是我不行了”“我很难体会到高潮的感受”“我好像有点儿性冷淡了”……

说实话，不知道这个性爱频率公式怎么来的，是否有科学根据，但我知道，如果凡事都照搬公式，那肯定不是一个科学的态度。

因为每个个体都是不一样的。我遇见过一位女性来访者，她因为身体方面的原因，性欲冷淡，但她老公对此似乎也没有不满，夫妻感情很好。用她的话说，“每天晚上我们都是相拥着睡去，每天清晨都在对方的亲吻中醒来”。但她心里多少有些不踏实，问我，“你说，是不是我老公知道我身体不好，才刻意克制自己？如果是这样的话，我觉得挺对不住他的”。后来她老公也参加咨询，我就问他这个问题。他说，“没有，我在这方面和很多男人不一样，好多男人会将性生活放在一个很重要的位置，但我不是。我是她有需求，我能满足；她没有，我也不想。所以，我经常和我太太说，我们是真正的天作之合”……

由此我想到，所谓夫妻之间性爱频率，不是一个公式就可以适用于每个人——达标就是正常，否则就是不正常。而是每对夫妻都应该找到适合自己的性爱频率公式。比如，如果一方性欲旺盛，另一方也有足够的精力与之匹配；如果一方性欲冷淡，而另一方对这事儿也没什么兴趣——这才是合拍的性爱。就像吃饭一样，量正好，没人饿着，也没人撑着。

著名性爱专家李银河对此说得好，“有些夫妻即使一天8次也不觉得累，也很享受；有些夫妻100天也没有一次，那也没什么问题，只要人家两口子没意见，我们这些外人操什么闲心啊！所以我认为这没什么可指导的”。

这是负责任的实在话。

再说说性生活的质量。很多人都认为和谐的性生活必须达到高潮，但确实有很多人，尤其是女性，并不是在每次性生活中都能达到高潮，那么这些人的性生活都是不和谐的？我看也不尽然。

我们将夫妻间的性活动称之为“做爱”而不是“性交”，一个“爱”字，就说明了这不是一个生理上的高潮就能满足的。它更像一个过程，性交只是其中的一个环节。夫妻间在某一个时刻，一方或者同时向对方发出求欢的信号，这时候，这项工程就已经启动了。你们靠在沙发上手拉手一起看一部爱情的片子，你们一起沐浴，你换上了性感的内衣，他放了一首很浪漫的曲子，你们一起靠在床头喝红酒，你们亲吻、爱抚彼此，在彼此的耳畔说情话，他伸手脱掉你的衣服，他进入你的身体，你们交换彼此的感受，然后，他离开你的身体，但还会抱着你、亲吻你，陪你聊会儿天，直到你们一起进入梦乡……

在做爱这项系统工程里，存在着这么多环节，如果夫妻双方都能认真投入、享受这个过程，将这个过程里的其他环节都做好了，那么即使性交这个环节有点瑕疵，又能怎样呢？我想完全不会妨碍你获得美好的性爱体验。所以，我认为，能否达到性高潮并不是衡量性生活是否和谐的标准。如果彼此在整个过程里，都体验到了爱与被爱，自己的身体被对方接纳和喜欢，身心交融、感情流动……那么我想说，这样的性生活，即使没有高潮，也依然是高质量的、和谐的性生活。

所以，自己的感受才是最重要的。如果双方都觉得自己的性生活是和谐的，那么，我要大声地告诉你，它就是！

2. 缓慢性爱

不知道从什么时候起，叶子开始觉得每次和关桥做爱，都有一种不能尽兴的感觉。怎么说呢，就是叶子刚有一点感觉，关桥已经三下五除二忙活完了，倒在一边呼呼大睡，把叶子生生吊在半空中，下不来，上不去，别提多难受了。

叶子认为，对于关桥来说，做爱就意味着射精。是的，他所有的行为都是冲着这个目的而去，急吼吼地宽衣解带，敷衍了事的爱抚……这样的过程，让叶子体会不到两个人身体与身体的交流、心与心的交流、来自对方的爱与迷恋，更体会不到发自内心的快乐和幸福。有时候她忍不住想对关桥说，“你这么着急干吗呢，难道做爱就是为了射精吗”，可是她最终也没说出口。她能体会到关桥那种渴望得到她肯定的迫切——每个男人，都渴望自己在床上的表现得到自己女人的肯定。

每次做爱，关桥都是很卖力的样子，累得气喘吁吁的。他也许认为自己越勇猛越激烈越能让叶子得到快感吧。每次他都会问叶子，“你舒服吗?”面对他充满期待的眼神，叶子觉得很难说出自己真实的感受，她总不能对他说，“不舒服，我觉得自己像一个被人用来发泄欲望的工具”。

只是她越来越讨厌做爱。每次关桥往她身边一凑，把脸贴上来，解她的衣服扣子时，她就有一种无法自控的厌烦。她有时会悲哀地想，自己是不是有点儿性冷淡呀？

直到那一次，他们去威海度假，住在海边的酒店，窗外就是一望无际的大海。晚上，他们关了灯，任由月光从窗外洒进来。他们手拉手并排躺在床上聊天，或许是因为远离城市、远离工作、远离生活琐事，彼此的身心很放松很宁静。关桥的手，轻柔地若有若无地在她身体上游走。她闭上眼睛，感觉自己的身体像一朵花一样，在他的手指下缓慢而舒展地绽放……她觉得自己是如此之美，而且她确信关桥也感受到了她的美。她也爱抚他，他的呼吸、他的皮肤、他身上汗水的味道，都如此让她着迷……彼此之间浓得化不开的爱意，根本不需要语言传递，已经通过缠绵轻柔的爱抚，被对方完满而充分地接收到。他们忘记了时间，沉迷在久违的甜蜜的欢愉里。

也不知过了多久，她全部的爱和欲念被自然地完全地调动起来，他们都在对方面前打开自己，从身体到内心，直至完全融合，从身体到内心……

月光洒在他们激情过后的身体上，远处传来海浪拍打海岸的声音，一切都是那么美好……关桥抱着她，在她耳边低语："亲爱的，真好，我爱你。"她哭了，流下幸福的眼泪。

不是快感，是幸福。两者的区别就在于，快感只是瞬间的感受，过去就不留痕迹，而幸福是持续不断的体会，永存于心，可堪回味。

这是追求速度追求效率的时代，那种对于时间流逝的焦虑和对目标急切的追逐几乎已经渗透到每个人的血液里，直至成为我们下意识地快、快、要快。这种焦虑和追逐，也被我们带到了床上——不要做无用功，向高潮全力前进，速战速决，甚至不惜借助药物的力量。

我们似乎都忽略了做爱和性交的区别。性交是纯粹的生理性需要，而做爱却是夫妻身心交流的过程，是一种表达爱意和欣赏的方式，是快不起来的。事实上，也根本不需要快的。慢下来，体验对方，享受过程，不急于要一个结果。也只有这样的性爱，才能让爱情获得真正的滋养，让人的心灵获得真正的休憩。

昆德拉说："在缓慢中，人才能活出生命的乐趣。"

在性爱中，尤其如此。

从威海回来，叶子和关桥都明显感觉到他们的感情上了一个台阶。他们在威海海边相拥的合影，被叶子配上精美的镜框，放在床头柜上，代替原来的时钟。

在卧室里，还是忘记时间的流逝吧。

3. 前戏的前戏

一位男性来访者，向我讲述他的苦恼。

“自从我老婆生孩子以后，她对性生活就不感兴趣了。想和她亲热一下，十次有八次被拒绝。理由五花八门，什么累啦、身体不舒服啦、没心情啦，你没洗澡啦……好不容易做一次，她像催命鬼似的，‘快点儿快点儿’‘完了没有’……真败兴！每次做爱都生一肚子气，还不如不做呢！我现在的生活就是和尚的生活，以后会发生什么事情，我说不准，没准儿哪天我就出轨了！”

他的妻子是幼儿园老师，休了三个月产假就上班了。每天中午小朋友午休时赶回家给孩子喂奶，经常都来不及吃饭就匆忙回去上班。平时虽然有婆婆帮着带孩子，但婆婆已经七十多了，带一天孩子，也累得不行，所以妻子下班后就得把孩子接过来，同时还得帮着婆婆做晚餐。

我问他：“母亲和妻子忙的时候，你做什么呢？”他脱口而出：“我累了一天，好不容易下班回家，还不允许我歇会儿？”我问：“你妻子也上一天班，累不累？”他大言不惭：“带孩子不都是女人的事儿吗？男人哪会带孩子？做晚饭吧，倒是可以，但我妈不让我干，说男人进厨房没出息，我有啥办法?”

这就是原因吧，还在哺乳期的妻子，工作中要周旋在多名幼儿中间，下班后要照料小婴儿，还得处理家务，老公却是个“甩手掌柜”。妻子得不到丈夫的理解和帮助，更感受不到丈夫的心疼和体贴，身体是累的，心是寒的，这时候他要求妻子不能拒绝他的求欢，还希望妻子在做爱的过程中柔情似水、风情万种……对此我无话可说。唯一想说的是，他找一个机器人做老婆比较合适。

一位女性来访者，和这位男性来访者有同样的苦恼。

“我这个老公吧，啥都不行，长相不行、工作不行也就算了，反正我的经济收入养家养孩子养老公绰绰有余。可有句话我真是说不出口，就是他那方面也不行，经常阳痿。好用的时候，撑死五分钟，我的情绪刚上来，他那边就不行了，恨得我呀……”

我问：“他是不是工作太累或者压力太大啊?”

她说：“开始我也是这么想的，结果我查他的手机，竟然查出了他与‘小姐’开房的记录，还不是一次，而是三天两头开房！气得我拿着他们的开房记录和他摊牌了。他承认了，还倒打一耙，说因为我太强势，看不起他，总侮辱他，搞得他心理有阴影，一见我就阳痿！其实他和别人做，一点问题都没有!”

让她耿耿于怀的是，“我能赚钱，长得也不差，他宁可找‘小姐’，也不想和我做，说明什么？说明他骨子里就不是好人!”

我在想，她丈夫说的原因有可能是真的，至少不是空穴来风。从她说起丈夫时的那种不屑、轻蔑的语气，可以想象丈夫和她在一起时的感受。一个男人，长期得不到妻子尊重，处于妻子的冷眼相对、恶言相向之中，又怎么可能在床上有良好的表现呢？

我经常对夫妻性生活有问题的来访者提到一个公式：100分性爱 = 床下80分 + 床上10分 + 天赋10分。这里"床下的80分"，是指情侣、夫妻间的相互尊重和欣赏，彼此的关心与体贴。只有这样，彼此才能在床上收获一个爱意满满、主动配合的妻子或者阳刚勇猛又不失温柔的丈夫。

性爱上切莫"临渴掘井"。有一句话说得好，让人在床上幸福的不是最后的冲刺，也不是前戏，而是通过前戏的前戏——床下不懈地付出和给予得到的。

附　录

怎么做才能让她心动

1. 在工作的间隙，给她打一个电话，对她说，“没事，就是有点儿想你了”。

2. 下班路上，买些她爱吃的零食带回家。

3. 出差在外，发现好吃的好玩的好看的，会发信息与她分享，再加上一句“真可惜你不在我身旁”。

4. 逛街的时候，拉着她的手，即使遇见熟人也不放开。

5. 她感冒了，用亲吻额头的方式测探她有没有发烧。

6. 下班回家，忘带钥匙了，摁门铃等她给你开门时，透过猫眼对她做一个鬼脸。

7. 给她取各种昵称：丫丫、臭臭、丑丑、囡囡、闹闹、妞妞……

8. 雪天，在她上班要经过的雪地上，写下她的名字。

9. 惹她生气了，用即时贴画一个负荆请罪的小人，贴在家中她能看见的地方。

10. 她伤心的时候，抱住她，不用说什么，用手轻抚她的后背。

11. 她吃剩下的食物，你很自然地拿过来吃。

12. 见别人夸她，你很开心很骄傲。

13. 听她说起与前男友的恩爱往事，吃醋了，说，“我不想听这些”。

14. 有时候，亲昵地胡噜胡噜她的头发。

15. 去餐厅吃饭，点的菜都是她爱吃的。

16. 雨天，你们共撑一把伞，你将伞倾向她那边，全然不觉自己的大半个身子都被雨水淋湿了。

17. 偶尔和她撒娇卖萌。比如想买什么无用的东西，和她撒娇说，“我想要嘛，你就给我买好嘛”。

18. 她在厨房忙碌的时候，你靠在门边陪她说话，或者打下手。

19. 一起逛农贸市场的时候，出其不意买枝花送给她。

20. 对她说“我爱你”。

21. 亲吻她。

22. 一起散步时，突然起风，停下帮她系上风衣的帽子。

23. 雨后，街道某处有积水，路人纷纷脱鞋蹚过去，唯有她，是被你拦腰一个“公主抱”抱过去的。

24. 旅途中，在一处景点，众人都被景色吸引，唯有你问她，“那里有厕所，你需要上厕所吗”。

25. 一起过马路时，永远会站在她右侧。

26. 她靠在沙发上看电视，不知不觉睡着了，替她盖上毯子。

27. 一个平常的日子，给她打电话，邀请她去一个很不错的餐厅共进午餐。

28. 早起上班，她还在睡熟中，出门前亲吻她的额头和脸颊。

29. 出门办事，路过她的单位，发个短信告诉她。

30. 听见别人说她不好，比她还生气。

31. 公交车上，让她坐着，自己站起来给老人让座。

32. 她在医院输液，你坐在旁边看书陪她，一手翻书，一手一直握着她的手。

33. 在异乡旅行，走在陌生的街上，悄悄躲起来。她四顾茫然，急得快哭了，你突然跳出来出现在她面前……

34. 某个晚上，耐心且认真地听她讲从记事起一直到现在的人生历程……

35. 她的家人来做客，她在厨房忙碌，听见你在客厅和她的家人聊天，阵阵欢声笑语。

36. 去接她下班，她提着包，其实一点都不重，但你执意要接过来。

37. 你们不知因为什么事怄气，互不搭理，但到吃饭的时候，你还是盛好饭菜放到她面前。

38. 她埋头擦地板，电视里正在播有意思的新闻，对她发怒："哎呀，地板没那么重要，快来看新闻！"

39. 开车出门，提醒坐在副驾驶位置上的她系好安全带，并等她系好后再发动汽车。

40. 她失去工作，安慰她，"没关系，大不了我养你"。

41. 你的 QQ、微博、微信、存折的密码，用的都是她的生日。

42. 要搭早班飞机出差，出门前将家里电话的分机放到她的床头——一个多小时后，她就不用起床接你报平安的电话了。

43. 早晨醒来，把蜷在她怀里的猫咪赶走："走开，这是我老婆！"

44. 在钱夹里放她的照片。

45. 保险单受益人一栏，填她的名字。

46. 手机里的通讯录，第一个就是她，名称是爱人。

47. 她害怕打雷，每逢雷雨天，都会发短信提醒她别害怕啊。

48. 在家里，给在另一个房间里的她发短信：干吗呢？来找我玩儿吧！

49. 她长头发，每次洗头你都会帮忙。

50. 看到任何可爱的事物，都会和她联系起来。比如在电视上看见一只胖胖的熊、一只懒懒的考拉、一个脏兮兮的小女孩……对她说："看，你就是这样！"

51. 听她说起以前穷困潦倒时的生活，心疼，告诉她，"有我在，以后你再也不会过那样的日子了"。

52. 即便在公共场合和众人面前，也毫不羞涩地大声用她专属的昵称叫她，如宝贝。

53. 面对面说话，发现她的眼镜上有污渍，摘下来，随手用自己的衣服擦干净，再替她戴上。

54. 相约去某个地方，她先到，站着等你。你远远看见她，高兴地跑起来——像谈恋爱时一样。

55. 向她的家人许诺，"放心吧，我会好好照顾她的"。

56. 她和闺蜜聊天，你不参与她们的话题，但会为她们的杯子续上茶水。

57. 你的任何许愿，都会包括她，比如祈愿你们都能身体健康、工作顺利……

58. 出差在外，每晚都会打电话提醒她关好门窗。

59. 夜晚，她去参加朋友的聚会，你送她下楼，替她打车，并细心地记下出租车的车牌号。

60. 偶然，她听你的朋友说你经常在朋友面前夸她。

61. 一起逛商场，遇见她喜欢的衣服，即便很昂贵，你也会怂恿她买下来；遇见你喜欢的衣服，稍贵一点，你就不舍得买了。

62. 你们怄气，谁也不理谁，但看到电视正在播放她最喜欢的某个人物的访谈节目，会故意把音量调高。

63. 熟悉并接纳她的每个小怪癖。比如，她吃包子，不爱吃皮也不爱吃馅儿，只爱吃沾了馅汁的那块皮。于是，每次吃包子，你都会把沾了馅汁的那块皮留给她。

64. 平时都是她做饭，偶尔你会做好饭等她。

65. 你们吵架，她生气了，去沙发上睡，你怎么求她她也不肯回到床上，于是你索性也抱着被子和她挤在沙发上。

66. 做爱之后，仍会温柔地抱着她，陪她聊聊天，而不是转过身呼呼大睡。

67. 一起参加集体活动，你悄悄告诉她，“这么多女孩，没有一个比你可爱”。

68. 在单位里遇见有趣的、有意思的人和事，迫不及待地想和她分享，跑到外边打电话告诉她。

69. 结婚纪念日，给她写一张卡片，“与你结婚，是我这一生做得最正确的决定！”

70. 她和你的亲人有了矛盾，很难过。你安慰她，“我理解你的委屈，别计较好吗？我会加倍补偿你的！”

71. 时常会有一些亲昵的小动作。比如，她在厨房洗碗的时候，从后面环抱她的腰；她撅着屁股擦地板的时候，你路过，顺手捏一捏她的屁股。

72. 她看中的那串玛瑙手串，因为太贵一直没舍得买。你悄悄买下来，在她生日的时候送给她。

73. 冬天，在车站等车，她的脸被冻得通红，你把手搓热，给她焐脸。

74. 她发烧了，要验血，护士抽血的时候，你伸手捂住她的眼睛。

75. 电视里报道许多夫妻为了买房假离婚的新闻，她和你开玩笑，“咱们也假离婚吧，还能再买套房呢”。你立即警觉，“不！你这是想找机会把我甩了，我才不上你的当！”

76. 她失眠，你会拍着她给她哼催眠曲。

77. 单元门口不知谁遗洒了好多绿豆，你没注意差点儿滑倒，赶紧发短信告诉她，让她下楼时小心。

78. 午夜梦回，月光透过纱帘洒在床上。你们都醒了，谁都不想说话。你握住她的手，就这样静静地相握，静静地躺着……

79. 她要出差，知道她大大咧咧丢三落四，逐一和她确认该带的东西。

80. 偶尔，你会很强势的样子，对她说：“这事儿交给我了，听我的！”

81. 打电话向丈母娘告状，“妈，她欺负我！”

82. 她正值生理期，一切碰到凉水的家务活儿，你都不许她干。

83. 她正值生理期，你很想和她做爱，但还是忍住了……

84. 带她去参加公司的集体活动，将她介绍给每位相熟的同事。

85. 她伤心的时候，可以在你的怀里哭泣。

86. 在外出差，比原定的归期提前回来，你没告诉她，直接去她单位接她下班。

87. 她为你做的某件事生气，即使你并没有做错，也会对她说，“我错了，别生气好吗？”

88. 她养了好多植物，但照料它们都是你的事儿。

89. 因为她，你喜欢上她的家乡。在街上听到有人说她家乡的方言，你总要凑上去攀谈几句，告诉他，“我老婆就是你们那里人”。

90. 她爱吃地安门一家老字号的酱牛肉，每次你路过地安门，都会给她买一点儿。

91. 你看见电视上介绍一种美国生产的性能非常优越的电动轮椅，高兴极了，对她说，“等到咱俩老得走不动的时候，不管多贵都要置办两台，这样我们就可以结伴坐着轮椅到处逛了”。

92. 你生病了，突然变得像小孩子一样依赖她。每当她出门，你都要问，“去哪里？早点儿回来啊”。

93. 终于买了属于自己的房子，等待收房的那些日子，你常带着她去工地看房子慢慢形成，并指认哪扇窗户是你家的。

94. 你买车后做的第一件事，就是带着她，去你们曾经租住过的平房区，找到你们常光顾的小餐馆，点了当年点的饭菜，老板娘竟然还记得你们。永远不忘那段贫穷又快乐的年轻岁月。

95. 生活总算稳定下来了，她却生病住院，情绪消沉。你为之忧心，半个月之内瘦掉八斤。

96. 她做一个手术。从手术室推出来，你立即上前拉住她的手说，“我在呢”。她睁开眼睛，看见你眼里全是满满的疼爱与怜惜。

97. 她住院时，恰逢圣诞节，你把礼物和鲜花送到她病床前，在病友羡慕的目光中，共同过了一个圣诞节。

98. 她要出院了，你去查黄历，执意要选个黄道吉日出院。

99. 她出院回家，看见家里让你收拾得窗明几净焕然一新，阳台的绿植上，系着红布条，还挂个葫芦。你说，这是为了辟邪。

100. 每年的最后一天接近零点的时候，你都会和她一起洗“跨年澡”，寓意洗去过去一年所有的晦气和不顺，希望新的一年里健健康康平平安安。这已经成了你家的一个固定仪式。

怎么做才能让他心动

1. 在他晚归时，为他留一盏灯。即便你们赌气时也会如此。

2. 如果确实是自己做错了，主动向他认错，可怜兮兮地对他说，“对不起，我错了”。

3. 他生日，委托花店把花送到他的公司。

4. 深夜，他还在伏案工作，悄悄为他送上一杯咖啡。

5. 支持、尊重他的爱好。他热爱音乐，和朋友组建了一个乐队，每个周末晚上都要排练。尽管你希望他陪你，但不会阻止他。

6. 对他的每个雄心勃勃的计划，你都会认真听，且事后绝不会去问怎么没实现。

7. 出门买菜的时候，都会问他，“亲爱的，你想吃什么?”

8. 电脑死机了、下水道堵了、冰箱结冰了……家里的所有这些问题他都能搞定后，每次你都慨叹，“亲爱的，你太厉害了！如果没有你我该怎么办啊!”

9. 每天给他搭配好上班要穿的衣服。

10. 他去和前女友见面，你也会为他搭配好衣服，并且不打扰。

11. 在人来人往的街头，发现他的鞋带松了，很自然地蹲下为他系好鞋带。

12. 他开车的时候，你会帮他导航、擦干净后视镜、拧开矿泉水瓶的盖子……

13. 他开车走错路，你不抱怨不唠叨，而是安慰他，“没关系，别着急，反正时间来得及”。

14. 有时候，他会因为心情不好或者某些压力，回家后不想说话，只想一个人待着。你不会追问，也不会强迫他说话，而是轻轻捏了捏他的手，带上房门出去。

15. 他和上司有矛盾，回来向你诉说。你耐心倾听，认为确实是上司挤对、刁难他，会对他说，“如果你觉得受不了，那就辞职吧，我不会怪你的”。

16. 车展上，他又对一辆奔驰 SUV 恋恋不舍，你见状乖巧地表决心，“我以后再也不乱花钱了，还要努力赚钱，给你买下这辆车！”

17. 他的一个好朋友，你并不喜欢，但最多是不参与他们的交往，却不会干涉、阻止他们交往。

18. 告诉他，“在我认识的这些男人中还是你最好，我只愿和你在一起生活”。

19. 公司面临大幅裁员，他为此焦虑。你安慰他，“没关系，别太担心，还有我呢！”

20. 熟知他内裤的尺码，他的内裤都是你买的。

21. 经常在自己家人面前夸他。比如，“咱家少了谁都行，就是不能少了他”“这事儿要不是他帮我解决，我还真不知道该怎么办”。

22. 他每天带盒饭上班。为了能让他吃到新鲜的饭菜，你都是晚上将食材准备好，第二天早上给他做。

23. 为他的健康着想，不许他吃油腻食品，但给他准备盒饭的时候，偶尔会悄悄在饭盒的底部放几片哈尔滨红肠。

24. 他的同事会分享他的盒饭，所以你做了好吃的，会特意在他的饭盒里多装一些。

25. 他下班回家，看见你和婆婆在厨房里有说有笑地准备晚餐。

26. 约好一起看电影，可他忘记了，等他赶到电影院的时候，电影开演了。你很生气，但还是努力控制住自己，没当众对他发脾气。你从不在公众场合对他发脾气，一次都没有。

27. 看见别人欺负他，比自己受欺负还愤怒。

28. 对他说，“我爱你”。

29. 对他说，“我信任你”。

30. 在外面吃饭，碰见可心的餐馆，会对他说，“下次你妈来，咱们带她来这儿尝尝”。

31. 逛街时，发现适合他家人的东西会买下来。

32. 他难得一次和朋友聚会，临出门时，你嘱咐他，“玩得开心点儿，别着急回来”。

33. 他的同事来家里做客，你打扮得漂漂亮亮，在将客人招呼周到之余，还能从容做出一桌好菜。入得厨房，出得厅堂，让他赚足面子。

34. 他因为停车和人发生争执，对方从车上拿出棒球棍要打他，你护在他面前，指着对方的鼻子说，“你动他一下试试?”

35. 他下班回家开门的瞬间，总能看见你的笑脸。

36. 领导找你谈话，想将你调到另一个部门。你打电话给他，“我想听完你的意见后再作决定”。

37. 他因为堵车或加班晚归，你坚持等他到家一起开饭。

38. 今天他穿黑色衬衫，深蓝牛仔裤，外面套一件棕色休闲西服。你看着他，由衷赞美，“还是很帅的嘛！”

39. 你们冷战，你看出他其实很想和你说话，只是苦于没台阶下，于是上班出门的时候，故意将一份很重要的资料落在他能看见的地方，这样他就有借口给你打电话了。

40. 会和他一起兴高采烈地熬夜看世界杯足球赛。

41. 喜欢他身上的味道。尽管有时候他的味道在别人看来不过是“一身汗臭味儿”。

42. 他远行归来，你去机场接他。众目睽睽之下，你不由分说勾住他的脖子，给他一个深深的、长长的吻。

43. 他的至亲去世，在你面前落泪。你什么也不说，只是将他拥在怀里。

44. 他对你说起小时候怎样羡慕小伙伴的变形金刚玩具，却体谅父母的不容易，没有要求父母买……现在，你每次看见变形金刚玩具，总会忍不住买下来送给他，似乎是为了安慰和奖励多年前那个懂事的小男孩。

45. 他的脖子上突然长出一个瘤子，去医院检查。医生说不排除恶性的可能。他很害怕。你握着他的手告诉他，“别怕，不管最后结果是什么，我都会不离不弃”。

46. 每月给他一天“单身日”。这一天他可以像单身汉一样，自由自在，随心所欲，想做什么就做什么。

47. 他有一个去外地学习的机会，却因为惦记生病的母亲想放弃。你对他说，“你去吧，我会照顾好母亲的”。

48. 今夜，你穿了一件性感的桃红色内衣。

49. 今夜，你洒了伊芙圣罗兰的香水，身体散发出新鲜的迷人香气。

50. 偶尔，你会色眯眯急吼吼地对他说，“我想和你做爱！现在，立刻，马上！”

51. 你们赌气，不想主动和他说话。看见他早晨忘了吃水果，你故意大声对家里的猫咪说，“咪咪呀，你要吃水果吗？”

52. 给家里的猫咪起名字，随他的姓。

53. 他下班回来，递给你一个厚厚的信封，里面是他干私活挣的钱。你拿着钱喜笑颜开，一边数一边感叹，“哎呀，你说我这命咋这好呢？找了一个能赚钱的老公不说，关键是老公还愿意把赚的钱都给我！”

54. 你总觉得自己会英年早逝，如果真是如此，希望他能再娶，又担心他傻乎乎的遇人不淑，嘱咐他，“容貌其实不重要，要找个性格好人品好对你好的”。

55. 你突然良心发现，向他“忏悔”，“亲爱的，我是不是太不是东西了？你对我这么好，我还总对你发脾气，你大人大量，别和我计较啊！”

56. 他做错事，你没有责骂他，只是倒在床上蒙着被子哭，哭得那叫一个惨！

57. 有时候你也很刁蛮。他做错事请求你原谅，你让他深夜无人时跑到楼下花园里，大声喊三遍“某某是个王八蛋”。以你能听见为准，你没听见不算数。

58. 他的生日，你们的结婚纪念日，你都会为他精心准备礼物。

59. 想让他多吃点水果蔬菜，周末在家用各种蔬菜水果搭配组合做蔬果汁，再一样样拿给他试喝。想找到几种他最喜欢的搭配，为此不惜将厨房搞得像蔬果市场。

60. 晚上一起看恐怖片，再也不敢一个人待在房间里，他去洗手间你也跟着。

61. 他熟悉历史、军事方面的知识，于是你总喜欢拿这方面的问题去请教他。

62. 每天的晚餐桌上，至少有一道他爱吃的菜。

63. 他出差在外，深夜，你给他发短信——我睡不着，想你。

64. 他母亲的生日宴会上，你说，“妈，谢谢您教育、培养出一个优秀、品质好的儿子，结果我成了最大的受益人”。

65. 他和前女友交往期间的日记、信件、纪念物，你帮他用一个大盒子收起来，放在家中书柜的顶层。

66. 有时候宠爱、纵容他像宠爱、纵容孩子。比如，餐桌上，他看着一桌子的素菜发脾气，“我要吃肉！”你什么都不说，立刻放下筷子，起身去厨房给他做红烧肉。

67. 公司升职的竞争中，他落败。你知道了，但不问，也不安慰，只当什么事都没发生一样。

68. 你偶尔也会有点小醋意，任性地说，“不许你夸别的女人漂亮！不许你看别的女人！你只能夸我！只能看我！”

69. 你知道他喜欢孙燕姿，会托人帮他要签名。孙燕姿来北京开演唱会，你买票送他，让他一个人去看。

70. 发现他钱包里零钱不多了，悄悄给放上一些。

71. 他在事业上遭遇挫折，或者遇到其他倒霉事儿，你默契地替他隐瞒，不告诉他的家人。

72. 在他前面洗澡，等他进去时，看见满是雾气的浴室镜子上，你画了两颗连在一起的心。

73. 在家里请客，主人的位置永远留给他。

74. 买同款睡衣，一大一小并排放在床上。

75. 他性格内向，你担心他会压抑自己的情绪，于是设立“每晚十分钟”栏目。十分钟内，他必须说出这一天遇到哪些开心的或者是郁闷的事情。

76. 他可以自如地和你撒娇，而不会担心你不舒服。

77. 对他说，“永远别忘了我是你最好的朋友，你什么都可以和我说，我不会责怪、嘲笑、轻视你，我能和你一起面对一切问题”。

78. 他的脚指甲，都是你剪的。

79. 他的腰不好，每次买大袋东西，你抢着提。

80. 他心情不好，你要宝逗他开心。

81. 你们因为某件小事争执不休。你妥协，“好吧，亲爱的，听你的”。

82. 为了鼓励他坚持跑步，你准备一个大纸盒，每个月都往里放 500 块钱。告诉他，如果他能坚持下来，年底盒子里的钱就是他的，他想买什么就买什么。

83. 买房子签合同，你忘了带身份证，想在合同上签上自己的名字还得回去拿。你嫌麻烦，就很洒脱地对他说，“没关系，就签你一个人的名字吧”。

84. 偶尔，也让他体验一下“被人伺候”的感觉。比如，为他打洗脚水，并且蹲下身子为他洗脚。

85. 即使他刚吃完大蒜，你还是喜欢吻他。

86. 和他结伴做一些疯狂的事。比如，拿出全部积蓄去伦敦听手创乐队的演唱会。

87. 总能找到夸他的理由，比如他比你更熟练地使用自动售卖机。

88. 为他拔去新长出来的白发。

89. 他不善表达，每次他和你讲述或者解释的时候，你都会耐心听完，并且不打断。

90. 他随手乱丢的东西，比如在历家任职的公司用过的名片，你会替他整理、收藏起来。

91. 他小毛病特多，比如臭袜子乱扔、上完厕所总忘记放好坐垫……你说了很多次他也改不了，于是你不再说了。你改变自己去适应他，他扔掉的臭袜子，你替他捡起来，上厕所时记得将马桶的坐垫放下来……

92. 在外受了气，回家向他告状，“某某欺负我！”

93. 虽然你们经常互怼，但对他真正介意的事，比如他的身高不够 170 厘米，你从不嘲笑。

94. 他老家的亲戚来北京玩，你其实心里有点烦，但还是招待得周到、得体，不让他难堪。

95. 他去你老家做客，如果你的家人慢待他，你会非常生气。

96. 每次婆婆来，你都会让婆婆给你讲他小时候的故事，百听不厌。

97. 以前，你期望他事业成功，期望他能赚很多钱，但是现在，你只想他健康、快乐。

98. 看见电视里播放夫妻反目的画面，你难过地把脸埋进他的怀里说，“我们永远不要这样，好不好?”

99. 你们闹矛盾，你生气了，但他一哄，你就好了。

100. 只要想到有一天你会先他而去，留他独自在人世间，就心痛难言，无限挂牵。为此，你甚至希望，先走的人是他。